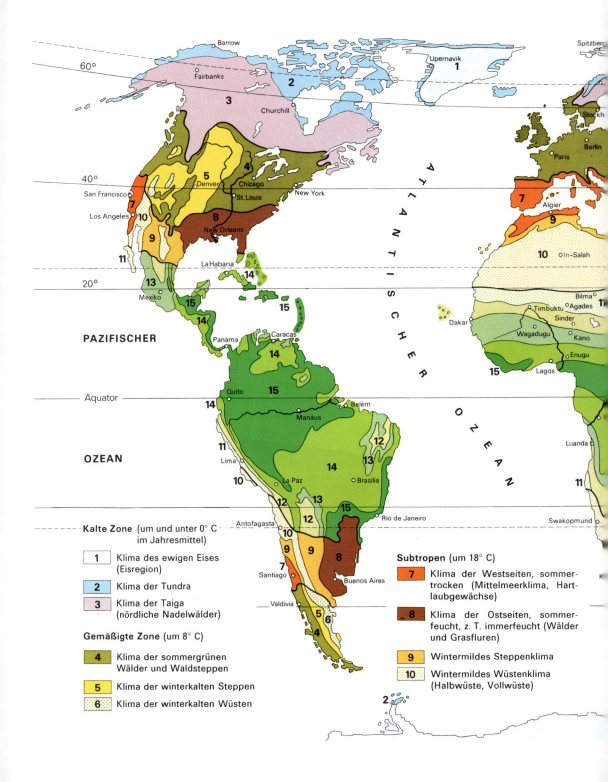

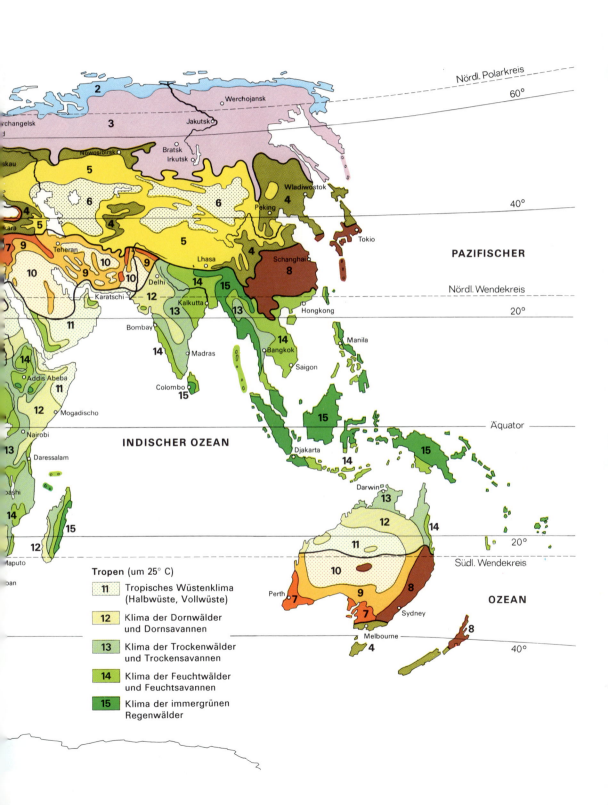

TERRA ERDKUNDE

S II THEMENHEFT

ENTWICKLUNG IN DER DRITTEN WELT: PROBLEME, MÖGLICHKEITEN UND GRENZEN

ERNST KLETT VERLAG

**Themenheft S II · Entwicklung in der Dritten Welt:
Probleme, Möglichkeiten und Grenzen**

(entnommen aus dem Unterrichtswerk TERRA Erdkunde für Baden-Württemberg 12/13)

Herausgeber und Autoren
Dr. Karl-Günther Krauter,
Dr. Lothar Rother

Das Unterrichtswerk entstand unter Mitwirkung
der Redaktion Geographie/Kartographie, Leiter: Frithjof Altemüller
Mitarbeit an diesem Werk: Walter Roth, Verlagsredakteur

1. Auflage   1 5 4 3 2 1 | 1993 92 91 90 89

Alle Drucke dieser Auflage können im Unterricht nebeneinander benutzt werden, sie sind untereinander unverändert. Die letzte Zahl bezeichnet das Jahr dieses Druckes.
Karten: Kartographie Klett/Joachim Krüger, Walter Scivos
Grafik: Günter Bosch, Stuttgart
Einbandentwurf: Hitz und Mahn, Stuttgart
© Ernst Klett Verlag GmbH u. Co. KG, Stuttgart 1989. Alle Rechte vorbehalten.
Fotosatz und Druck: KLETT DRUCK H. S. GmbH, Korb
ISBN 3-12-296800-2

Inhalt

Entwicklung in der Dritten Welt: Probleme, Möglichkeiten und Grenzen

Was geht das uns an? 4
Warum ist die Dritte Welt unterentwickelt? 6

Merkmale und Folgen der Unterentwicklung 9

Entwicklungsländer — eine einzige Definition genügt nicht 9
Bestimmende Faktoren der Unterentwicklung 11
Bevölkerungswachstum — Weg in die Katastrophe? 12
Die Schuldenkrise in der Dritten Welt 16

Kenia: Entwicklung der Unterentwicklung 18

Entwicklungsstand und naturräumliches Potential 18
Die eigentlichen Ursachen der Unterentwicklung 20
Entkolonialisierung und Afrikanisierung — das Ende der Fremdbestimmung? 22
Der Tribalismus als Entwicklungshemmnis 25
Industrialisierung und Ferntourismus — Perspektiven für die Zukunft? 26

Verstädterung in der Dritten Welt 28

Nairobi: Metropole zwischen Hoffnung und Verzweiflung 29

Verstädterung — ein globales Phänomen .. 30
Ursachen der Verstädterung 32
Folgen der Verstädterung: die zweigeteilte Stadtwirtschaft 35
Mexiko-Stadt: Zukunftsvision oder programmierte Katastrophe? 36

Möglichkeiten und Grenzen der Entwicklung — Motive, Ziele und Adressaten der Entwicklungshilfe 40

Grundzüge der Entwicklungshilfe 40
Strategien staatlicher Entwicklungshilfe ... 42
Entwicklungszusammenarbeit in der Praxis 44
Die Armen als Zielgruppe der Entwicklungshilfe 48
Entwicklungshilfe im Widerstreit der Meinungen 50

Möglichkeiten und Grenzen der Entwicklung — Entwicklungsprojekte auf dem Prüfstand 54

Familienplanung in Bangladesch 54
Nepal: Rettung der letzten Bergwälder? ... 56
Borneo: auf den Spuren des „Fortschritts"? 58
Aus Fehlern lernen? Zur Evaluation von Bewässerungsprojekten in Nordafrika 60

Anhang

Klimastationen 68
Ausgewählte Grundbegriffe 70
Bild- und Quellennachweis 75

▲1 Bei Zagora, Südmarokko

Entwicklung in der Dritten Welt: Probleme, Möglichkeiten und Grenzen

4 Was geht uns das an?

„Kennen Sie die Formel zur Berechnung des menschlichen Mitgefühls? Sie lautet M = U : E. M ist die Größe des Mitgefühls, U die Größe des Unglücks, E die Entfernung zum Ort des Geschehens. Einfacher gesagt: Je weiter ein Opfer von uns entfernt ist, desto geringer wird unser Mitleid mit ihm. Ein Unglück, das tausend Kilometer entfernt geschieht, weckt in uns nur einen Bruchteil der Teilnahme, die ein gleiches in unserer Nähe auslösen würde. Jemand kann heulen, wenn er ein überfahrenes Kätzchen sieht. Derselbe Mensch kann ungerührt Schokolade futtern, während das Fernsehen ihm Bilder verhungernder Kinder aus entfernten Winkeln unserer Erde zeigt. Das ist keine Kritik. Es ist eine Feststellung. Damit muß man beim Menschen rechnen. Wir brauchen diese dicke Haut als Schutz für das, was wir unseren gesunden Menschenverstand nennen. Wie sonst könnten wir in unserem Überfluß leben, ohne uns zu ändern, ohne zu verzweifeln oder etwas zu tun, wenn wir erfahren: Mehr als achthundert Millionen Menschen leiden Hunger! Damit Sie eine Empfindung dafür bekommen, was dieser Sieben-Wörter-Satz bedeutet:
In den vier Sekunden, die Sie brauchen, um ihn zu lesen, sterben irgendwo auf der Erde zwei Kinder an den Folgen chronischer Unterernährung. Im Jahr 1986 wurden auf der Erde über 800 Milliarden Dollar für militärische Zwecke ausgegeben (davon ein Viertel von Entwicklungsländern), etwa 22mal mehr als an staatlicher Entwicklungshilfe für die Länder der Dritten Welt.
Der gesunde Menschenverstand sagt uns: Da kann doch irgendwas nicht stimmen! Aber vielleicht hat der gesunde Menschenverstand hier überhaupt nicht viel zu sagen.
Möglich, daß Sie nun fragen: Was kann ich denn dafür, daß Millionen arm sind und hungern? Seien Sie beruhigt: Sie persönlich können überhaupt nichts dafür. Aber Sie sollten sich fragen, ob Sie etwas dagegen tun können. Damit ist nicht allein gemeint, Sie oder Ihre Eltern sollten mehr für die Dritte Welt spenden. Mitleid und spontane Hilfe sind zwar gut und wichtig, aber sie genügen nicht. Fachleute fragen sich sogar seit längerem schon, ob so manche gutgemeinte Hilfe nicht unvorhergesehene schädliche Folgen haben könne. Planvolle und wirksame Hilfe beruht mehr auf Mitdenken als auf Mitleid. Wer sinnvoll und nachhaltig helfen will, muß wissen, was nötig ist, muß informiert sein. Beschäftigung mit dem Problem ist der erste Schritt zur Lösung des Problems." (1)

Zweimal Hongkong 2▲
3▼

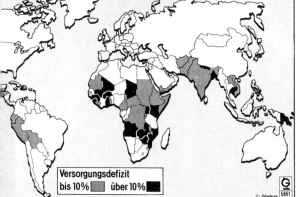

▲4 Die Welt zwischen Hunger und Überfluß

▼5 Im oberen Niltal, Ägypten

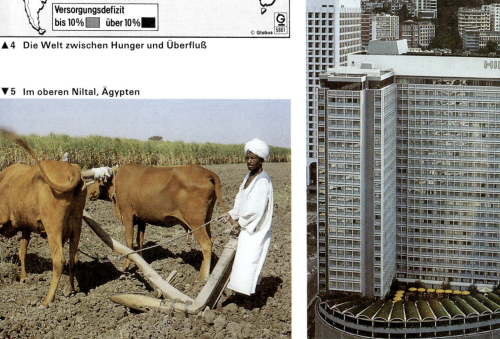

Warum ist die Dritte Welt unterentwickelt?

Entwicklung — Unterentwicklung

Wer qualifiziert über Probleme der Entwicklungsländer sprechen will, seine Einstellung und sein Urteil überprüfen möchte und vielleicht sogar bereit ist, an Aktionen für die Dritte Welt mitzuwirken, der muß sich zuerst einmal Klarheit darüber verschaffen, was Entwicklung und Unterentwicklung eigentlich bedeuten. Bei der Vielzahl von Meinungen und Theorien zu dieser brisanten, ideologisch überfrachteten Thematik muß schließlich jeder seinen eigenen Standpunkt finden. Die Autoren dieses Themenblocks orientieren sich im folgenden an der These des britischen Entwicklungsforschers Dudley Seers. Er postuliert, daß man von **Entwicklung** erst dann sprechen kann, wenn das Ausmaß an Armut, Unterbeschäftigung, Ungleichheit und Fremdbestimmung in einem Land verringert wird. Lassen wir ihn selbst zu Wort kommen:

„Die Fragen, die man zur Entwicklung eines Landes stellen muß, sind folgende: Wie steht es mit der Armut? Wie steht es mit der Arbeitslosigkeit? Wie steht es mit dem Zustand der Ungleichheit? Wenn alle drei mit diesen Fragen angesprochenen Probleme kleiner geworden sind, dann bedeutet dies zweifellos, daß das betreffende Land eine Periode der Entwicklung durchgemacht hat. Wenn eines oder zwei dieser Kernprobleme noch ernster geworden sind oder wenn dies gar für alle drei zutrifft, wäre es absurd, das Ergebnis ‚Entwicklung' zu nennen, selbst wenn das Pro-Kopf-Einkommen gestiegen wäre." (2)

Theorien zur Erklärung von Entwicklung und Unterentwicklung

Entwicklung läßt sich mit Hilfe von Indikatoren messen, z. B. Pro-Kopf-Einkommen, Arbeitslosenquote, Besitzverhältnisse. Diese Methode ist allerdings nur dazu geeignet, den Entwicklungsstand eines Landes zu beschreiben. Es sollte sich daran stets auch die Frage nach den Ursachen der Unterentwicklung anschließen. Hierzu wurden viele Theorien entwickelt.

Einen Erklärungsversuch von Unterentwicklung liefern z. B. die **geodeterministischen Theorien,** auch ökologische Theorien genannt. Sie führen die Rückständigkeit der Dritte-Welt-Länder vornehmlich auf physisch-geographische Ungunstfaktoren zurück. Beispielsweise liegt ein großer Teil der Entwicklungsländer in den Tropen. Bezeichnend für diese Zone sind der Niederschlagsmangel, die hohe Niederschlagsvariabilität sowie Extreme von Temperatur und Verdunstung. Die Böden reagieren hier besonders empfindlich auf die Eingriffe des Menschen in den Naturhaushalt, kurz: Ein labiles Ökosystem wirkt entwicklungshemmend.

Heute weiß man zwar, daß es ein ernst zu nehmendes ökologisches Handicap gibt. Die gegenwärtige Unterentwicklung in Ländern der Tropen und Subtropen läßt sich damit aber nur teilweise erklären. Die periodisch auftretenden Hungersnöte in der Sahelzone oder in Indien sind eben keine unausweichlichen Naturkatastrophen. Ebenso sind auch Gegebenheiten wie Binnenlage und „Kleinheit" als entwicklungshemmende, jedoch nicht ursächliche Faktoren der Unterentwicklung zu betrachten.

Verständlicherweise sind aus der Sicht der Entwicklungsländer vor allem externe Faktoren Ursache für die Unterentwicklung.

Die Völker der Dritten Welt führen „Klage über den Verlust, über die Zerstörung von Ahnen und Landschaften, über die Verächtlichmachung von Werten, über die Gewalt durch Waffen, Maschinen und Worte. Drei Figuren repräsentieren diese Geschichte: der Missionar, der Soldat und der Kaufmann. Sie symbolisieren den Verlust der soziokulturellen Identität (aus der heraus das Verhältnis zu überirdischen Mächten, Natur und sozialer Umwelt bestimmt ist), Völkermord und die Naturzerstörung und ökonomische Ausbeutung auf der Grundlage ungleicher Tauschverhältnisse." (3)

Die **Dualismustheorien** führen die Unterentwicklung darauf zurück, daß innerhalb der Entwicklungsländer große Unterschiede zu finden sind: zwischen modernen und dynamischen sowie zwischen traditionellen und

statischen Lebens- und Wirtschaftsformen. Nach diesen Theorien sind die großen räumlichen, wirtschaftlichen und sozialen Ungleichgewichte (Disparitäten) Ursachen der Unterentwicklung.
Heute beziehen sich Entwicklungsforscher vor allem auf zwei entgegengesetzte Theoriegruppen. Diese gehen von unterschiedlichen Gesichtspunkten aus und führen zu grundsätzlich anderen Zielvorstellungen und Methoden der Entwicklungsplanung.

„Die eine, die der ‚Modernisierungstheorien', ist mehr an den Vorstellungen der Industrieländer orientiert und betrachtet den Stand der Entwicklung der Dritte-Welt-Länder als eine Phase der Rückständigkeit in einem Entwicklungsverlauf, wie sie von den Industrieländern auch durchlaufen wurde.
Die andere, die der in Lateinamerika entwickelten ‚Dependenztheorien', geht von der seit dem Imperialismus historisch gewachsenen Abhängigkeit der Entwicklungsländer von den Industrieländern aus." (4)

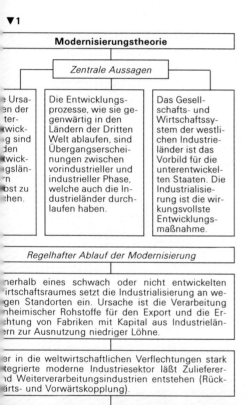

▼1

2▼

Dependenztheorie
Zentrale Aussagen

| Die Situation der Entwicklungsländer kann nur unter Berücksichtigung externer Faktoren erklärt werden. Die Unterentwicklung ist eine Folge der Dominanz ausländischer Mächte. | Unterentwicklung ist keine Phase eines Prozesses, der zu einem den Industrieländern entsprechenden Stadium führt. Entwicklung in den Industrieländern und Unterentwicklung in den Entwicklungsländern sind sich gegenseitig bedingende Bestandteile desselben Entwicklungsprozesses. | Die exogene Verursachung der Unterentwicklung findet ihren Niederschlag in der Zerstörung traditioneller, gewachsener Wirtschafts- und Sozialstrukturen der Entwicklungsländer. |

Die Entwicklung der Unterentwicklung

Während der kolonialen Abhängigkeit Ausbeutung der heutigen Entwicklungsländer und Zerstörung traditioneller Strukturen.

Die staatliche Unabhängigkeit setzt den Beginn einer neuen strukturellen Abhängigkeit als untergeordnete Zulieferer von Rohstoffen in die Industrieländer.

In der Nachkriegszeit stützt sich die Abhängigkeit auf multinationale Konzerne, welche in Industriezweige zu investieren begannen, die für den Binnenmarkt der Entwicklungsländer produzieren.

In den Entwicklungsländern entstehen regionale Disparitäten zwischen den eng mit den Metropolen (d. h. den Industrieländern) verbundenen Brückenköpfen und der Peripherie. Diese Ungleichgewichtigkeiten werden nicht abgebaut, sondern durch Konzentrationsbestrebungen des Staates und der internationalen Konzerne verstärkt.

Der Abstand zwischen den Bevölkerungsschichten eines Entwicklungslandes, die an der außengeleiteten Entwicklung teilhaben, und der überwiegenden Mehrheit des Volkes wird immer größer. Die Verelendung großer Bevölkerungsteile nimmt zu.

▲1 Assuanstaudamm mit Kraftwerk

Traditionelle Bewässerung mit Sakia 2▲

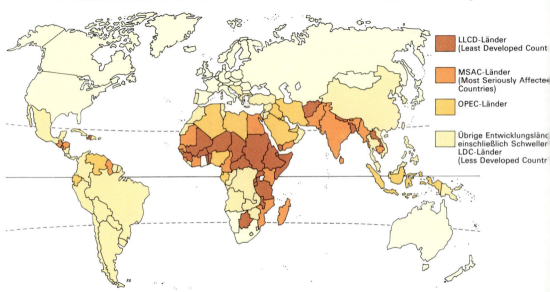

LLCD-Länder (Least Developed Count)

MSAC-Länder (Most Seriously Affected Countries)

OPEC-Länder

Übrige Entwicklungsländ einschließlich Schweller LDC-Länder (Less Developed Countr)

▲3 Einteilung der Entwicklungsländer

Straßenwäscher in Karachi, 29. 4. 87:
42 °C im Schatten, unvorstellbarer Gestank. Diese Menschen, unter ihnen viele Kinder, schuften hier Tag für Tag ▼4

Markt in Rawalpindi, 16. 4. 87:
An diesem Tag verkauft Amjad, Sohn einer Großfamilie, 2 kg Obst und Gemüse 5▼

Merkmale und Folgen der Unterentwicklung

Entwicklungsländer — eine einzige Definition genügt nicht

Die Entwicklungsländer werden heute häufig unter der Bezeichnung **Dritte Welt** zusammengefaßt. Sie stehen damit der **Ersten Welt** (westliche Industrieländer) und der **Zweiten Welt** (östliche Industrieländer, Ostblock) gegenüber. Dieser Begriff wurde Mitte der 50er Jahre geprägt, als afrikanische und asiatische Staaten ihren Anspruch als blockfreie, dritte Kraft in der Welt erhoben. Er darf also keineswegs als abwertend im Sinne von drittklassig verstanden werden. Dies ist auch völlig unangebracht, da die frühen Hochkulturen der Erde auf dem Boden der heutigen Entwicklungsländer entstanden sind.

Inzwischen gibt es Versuche, die Länder der Dritten Welt weiter zu differenzieren. So wurden außer den OPEC-Staaten insbesondere die sogenannten Schwellenländer als eigene Gruppe unterschieden. Sie haben sich einerseits in den letzten Jahrzehnten besonders rasch entwickelt, beherrschen aber auch immer mehr die Schlagzeilen der Weltpresse mit Negativmeldungen. Länder wie Brasilien, Argentinien und Mexiko gehören inzwischen zu den am stärksten verschuldeten Staaten.

Es gibt bis heute kein international verbindliches Verzeichnis der Entwicklungsländer. Zwar gehen die Vereinten Nationen, die Weltbank und die Organisation für wirtschaftliche Zusammenarbeit und Entwicklung von ähnlichen Beurteilungskriterien aus, doch kommen sie jeweils zu einer unterschiedlichen Bewertung (Abb. 3 und 6).

[1] *Es gibt verschiedene Möglichkeiten, die Erde zu gliedern, z. B. nach dem Relief, nach Klima- und Vegetationszonen, nach Kulturerdteilen usw. Welche Gliederungskriterien werden auf die Entwicklungsländer angewandt?*

[2] *Wir mögen den Bauern in Ägypten, der seine Felder wie seit Jahrtausenden mit dem Hakenpflug bearbeitet, belächeln. Auch mutet uns die Art des Hausbaus im Orient „primitiv" an. Bei genauerem Hinsehen handelt es sich in diesen wie in vielen ähnlichen Fällen jedoch durchaus um ökonomisch-ökologisch sinnvolle Methoden. Versuchen Sie, dies zu begründen.*

6 ▼

Gruppen von Entwicklungsländern

1. LDC-Länder: Less Developed Countries
Das sind alle Entwicklungsländer.

2. LLDC-Länder: Least Developed Countries
Das doppelte L steht zur Steigerung von „Less Developed". Zu dieser Kategorie gehören gegenwärtig etwa 300 Millionen Menschen oder 9 % der Bevölkerung der Dritten Welt. Ursprünglich galten folgende Abgrenzungskriterien:
- Bruttoinlandsprodukt (BIP) unter 100 US-Dollar (zur Zeit: 355 US-Dollar) je Einwohner;
- Anteil der industriellen Produktion unter 10 % des BIP;
- weniger als 20 % der Bevölkerung über 15 Jahre können weder lesen noch schreiben.

3. MSAC-Länder: Most Seriously Affected Countries
Die von den Preissteigerungen für Rohstoffe, Nahrungsmittel und Industriegüter besonders betroffenen Staaten. Hier leben etwa 1,3 Milliarden Menschen, d. h. 36 % der Bevölkerung der Dritten Welt.

- 25 LLDC-Länder sind zugleich auch MSAC-Länder.

4. Schwellenländer: Take-Off Countries oder NIC = Newly Industrializing Countries
Etwa 30 Staaten mit einem verhältnismäßig fortgeschrittenen Entwicklungsstand. Die Höhe des Pro-Kopf-Einkommens beläuft sich auf das Mehrfache der MSAC-Länder, der Industrialisierungsgrad ist ebenfalls wesentlich höher. Allerdings hat die gesellschaftliche und soziale Entwicklung mit dem wirtschaftlichen Wachstum nicht Schritt gehalten.

5. OPEC-Länder: Organization of Petroleum Exporting Countries
Zusammenschluß der Ölausfuhrstaaten. In den 13 Mitgliedsländern leben etwa 320 Millionen Menschen, rund 10 % der Bevölkerung der Dritten Welt. Diese Länder erlangten zeitweise eine große wirtschaftliche und politische Machtstellung, ohne daß der Status der Unterentwicklung im Innern entscheidend verändert wurde.

▲ 1 In Schanghai

Krankenstation in Abbotabad, Pakistan 2 ▲

▲ 3 Flüchtlingslager in Peshawar
▼ 4 Folgen der Entwaldung im Hohen Atlas

5 ▼

Bestimmende Faktoren der Unterentwicklung

„Nicht jedes Entwicklungsland zeigt sämtliche Merkmale zu jeder Zeit. In manchen Ländern sind nur wenige der Merkmale stark ausgeprägt, einige im Verschwinden begriffen oder gar nicht erkennbar. Auf andere Länder treffen viele Merkmale zu, darunter einige Merkmale in zeitlich wechselnder Stärke. Manche Merkmale können innerhalb eines Landes von Region zu Region unterschiedlich stark ausgeprägt sein.

● Die Bevölkerung ist z. T. mangelhaft ernährt (Hunger, Mangelernährung, Kalorienverbrauch unter dem Minimum, niedriger Proteinverbrauch) und wächst rasch (um mehr als 2 % pro Jahr).

● Die Gesundheitsfürsorge ist lückenhaft (zu wenig Ärzte und Krankenhausbetten), die Lebenserwartung ist niedrig, die Versorgung mit sauberem Trinkwasser unzulänglich.

● Besitz und Einkommen sind ungleich verteilt (mitunter haben Großgrundbesitzer einen hohen Anteil am Bodeneigentum, von ihnen hängen Pachtbauern und Landarbeiter ab, die wenig und nicht regelmäßig verdienen). Das Pro-Kopf-Einkommen und das Bruttosozialprodukt je Einwohner sind niedrig.

● Die Infrastruktur ist unzureichend ausgebaut: Es gibt zu wenig Straßen und Eisenbahnen, zu wenige Busse und Lkw, die Versorgung mit Wasser, Strom/Energie und Gütern ist nicht ausreichend. Entsprechend niedrig ist der Energieverbrauch je Einwohner.

● Das Angebot an Bildungs- und Ausbildungsstätten ist mangelhaft. Die Zahl der Analphabeten ist hoch, die Einschulungsquote niedrig; es fehlt an beruflichen Fortbildungsmöglichkeiten.

● Es gibt wenig Industrie. Vorhandene Industrie beschränkt sich auf die erste Verarbeitungsstufe von Rohstoffen und auf die Herstellung einfacher Konsumgüter. Es gibt keine Grundstoff- und Investitionsgüterindustrie.

● Viele und vor allem junge Menschen ziehen vom Land in die rasch wachsenden Städte (Landflucht). In den Städten bilden sich Slums.

● Viele Menschen sind arbeitslos oder unterbeschäftigt. Die Arbeitsproduktivität in der Landwirtschaft ist niedrig, die Nahrungsmittelerzeugung zu gering.

● Starke und vor allem einseitige Abhängigkeit vom Weltmarkt. Das Verhältnis von Einfuhren zu Ausfuhren ist auffallend ungleich: Exportiert wird relativ wenig (fast ausschließlich mineralische Rohstoffe und/oder Agrarprodukte wie Kakao, Kaffee, Bananen, Erdnüsse, die oft in Monokultur angebaut werden); der Import ist dem Wert nach höher als der Export, wobei hauptsächlich Industrieprodukte, Nahrungsmittel und Erdöl eingeführt werden. Es müssen zunehmend mehr Güter ausgeführt werden, um aus dem Erlös eine gleichbleibende Menge an Gütern einführen zu können. Ausländische Unternehmen haben einen hohen Anteil am Umsatz im Rohstoff- und gewerblichen Sektor. Die Auslandsverschuldung ist hoch.

● Starke und flächenhafte Umweltzerstörungen (Entwaldung, Bodenerosion, Desertifikation). Überschwemmungen, Flut- und Dürrekatastrophen häufen und verstärken sich.

● Politische Instabilität: Häufige Regierungsstürze (oft durch Militärputsch), Bürgerkriege und regionale Konflikte. Abhängigkeit der Regierungen von Fremdmächten (benachbarten Entwicklungsländern, ehemaligen Kolonialstaaten oder als Folge des Ost-West-Konflikts)." (5)

1 *Welche in der Übersicht genannten Aspekte der Unterentwicklung leuchten in den Fotos auf?*

2 *Begründen Sie die Zuordnung verschiedener Entwicklungsländer nach den Abbildungen S. 8, Abb. 3 und S. 9, Abb. 6. Vergleichen Sie Saudi-Arabien mit Nepal (S. 56).*
Ausgewählte Daten über Saudi-Arabien: jährliches Bevölkerungswachstum: 4,8 % (Mittel aus den Jahren 1973–1982); Lebenserwartung: 56 Jahre (1982); Bruttosozialprodukt je Einwohner: 12 180 $ (1983); Energieverbrauch je Einwohner: 3 540 kg Öleinheiten (1983); Einfuhr: 39,2 Mrd. $ (1983); Ausfuhr: 46,9 Mrd. $ (1983); Ausfuhrgüter: über 95 % Erdöl und Erdölderivate.

3 *Ist das starke Bevölkerungswachstum in Ländern der Dritten Welt Merkmal oder Ursache der Unterentwicklung?*
Untersuchen Sie anhand der Materialien auf den nächsten vier Seiten die Hintergründe der Bevölkerungsexplosion.

Bevölkerungswachstum — Weg in die Katastrophe?

Die **Verdopplungszeit** der Erdbevölkerung hat sich drastisch verringert. Das heutige Ausmaß und Tempo des Bevölkerungswachstums in den Ländern der Dritten Welt – häufig als **Bevölkerungsexplosion** bezeichnet – ist durch die globale Anwendung medizinischer und hygienischer Erkenntnisse sowie durch die Verbesserung der Lebensbedingungen ausgelöst worden. Die Bekämpfung von Seuchen und damit die Verringerung der Säuglings- und Kindersterblichkeit konnte mit vergleichsweise geringen Investitionen erreicht werden. Die durchschnittliche **Lebenserwartung** stieg, die Bevölkerung der Entwicklungsländer verjüngte sich immer mehr. Die Hälfte aller Einwohner dieser Staaten sind weniger als 20 Jahre alt. Diese ungünstige Altersstruktur wird sich selbst durch den zögernd einsetzenden Umschwung von hohen zu niedrigen Geburtenraten nur langsam verändern. Die Dynamik des Altersaufbaus führt auch bei sinkenden Geburtenraten zu einem weiteren Bevölkerungswachstum. Trotz der propagierten Ein-Kind-Familie wird die Einwohnerzahl Chinas in den nächsten zwei Generationen nochmals um ein Drittel auf gut 1,3 Milliarden Menschen zunehmen.

Während die durchschnittliche Lebenserwartung in den Industrieländern seit 1950 von 65 auf 73 Jahre gestiegen ist, hat sie sich in den Entwicklungsländern insgesamt von 41 auf 57 Jahre verbessert. Doch bestehen große Unterschiede: Ein Afrikaner lebt im Durchschnitt nur 50 Jahre, ein Asiate 58 Jahre. Schätzungen für das Jahr 2000 gehen davon aus, daß das Lebensalter in den entwickelten Ländern auf 75 Jahre, in den Staaten der Dritten Welt auf 62 Jahre steigen wird. Die **Sterberate** zeigt eine ähnliche Entwicklung wie die Lebenserwartung. In den industrialisierten Staaten hat sie sich bei etwa 10 je Jahr und Tausend der Bevölkerung eingependelt. In den Staaten der Dritten Welt schwankt sie wiederum erheblich, beeinflußt z. B. durch Geschlecht, soziale, ethnische und religiöse Bedingungen oder geographische Lage. Während die Sterberate in Schwarzafrika 1950/55 noch bei 35 Promille (‰) lag, wird sie heute auf 20–25 ‰ geschätzt. Die Bekämpfung der hohen Sterblichkeit, insbesondere die Kleinkind- und Müttersterblichkeit, stellt ein Gebot der Menschlichkeit dar. Natürlich sollten trotz allem Maßnahmen einer kontrollierten Familienplanung ergriffen werden. Die Senkung der Geburtenrate ist freilich eine sehr viel schwierigere Aufgabe als die Verminderung der Sterberate. Um dieses Ziel zu erreichen, sind nämlich neben geistigen und religiösen auch soziologische und ökonomische Faktoren zu berücksichtigen.

1 Interpretieren Sie die Grafik (Abb. 1). In welchen Kontinenten wächst die Bevölkerung am schnellsten?

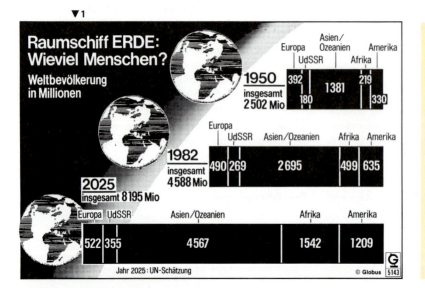

▼1 Raumschiff ERDE: Wieviel Menschen? Weltbevölkerung in Millionen

2▼ Zagreb (dpa) – UNO-Generalsekretär Perez de Cuellar rief zu einer „aufrichtigen Zusammenarbeit der gesamten internationalen Gemeinschaft zur Kontrolle des Wachstums der Bevölkerung auf. Die Furcht vor einer unbeherrschbaren Bevölkerungsexplosion habe sich als unbegründet erwiesen. „Wir wissen, daß die Erde nicht nur ihre gegenwärtige Bevölkerung ernähren kann, sondern vielleicht zweimal so viele Menschen, wenn der Zuwachs innerhalb eines Jahrhunderts aufhört." (6)

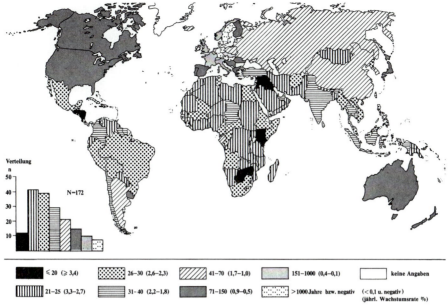

▲ 3 Verdopplungszeit und jährliche Wachstumsrate der Bevölkerung der Erde zu Beginn der 80er Jahre

Legende: ≤ 20 (≥ 3,4) | 26–30 (2,6–2,3) | 41–70 (1,7–1,0) | 151–1000 (0,4–0,1) | keine Angaben | 21–25 (3,3–2,7) | 31–40 (2,2–1,8) | 71–150 (0,9–0,5) | >1000 Jahre bzw. negativ (<0,1 u. negativ) (jährl. Wachstumsrate %)

4 ▼

Bevölkerung nach dem Alter

Land	Jahr	unter 15	15 bis 30	30 bis 45	45 bis 65	65 und mehr
		in %				
Argentinien	1983	30	24	19	19	8
Äthiopien	1984	46	23	16	11	4
Bangladesch	1983	46	25	16	11	2
Brasilien	1983	37	29	17	12	4
Ecuador	1983	42	28	16	10	4
Indien	1981	39	28	17	12	4
Jugoslawien	1981	25	25	20	21	9
Kolumbien	1983	38	31	17	11	4
Mexiko	1983	43	28	15	10	4
Nepal	1981	41	26	17	13	3
Portugal	1984	24	24	18	22	12
Schweden	1984	18	21	22	22	17
Simbabwe	1982	51	26	13	8	2
Singapur	1985	25	32	23	15	5
Tunesien	1983	39	30	14	13	4
Türkei	1982	38	29	16	13	4
Vereinigte Arabische Emirate	1980	29	35	28	7	1
Vereinigte Staaten	1983	22	27	21	19	12

2 Analysieren Sie in groben Zügen die Bevölkerungspyramiden (Abb. 5). Wichtige Gründe für das unterschiedliche **generative Verhalten** sind: Geburtenrate, Heiratsalter, Lebenserwartung, ethnische und religiöse Kriterien ...

3 Die Abbildungen und Texte geben eher eine düstere Prognose der Bevölkerungsentwicklung. Sehen Sie Möglichkeiten, wie man diese unheilvolle Entwicklung bremsen könnte? Die folgenden Seiten zeigen, daß sich Idealvorstellungen kaum verwirklichen lassen.

▼ 6

Wohin mit dem Menschen?

Heute fünf Milliarden, in hundert Jahren acht oder mehr? Wie viele werden dann erst Hungers sterben müssen? Und die, die sich ernähren können, zerstören sie nicht mit ihrer Lebenslust die letzte ökologische Substanz?

Es gibt Katastrophen, deren Ausweglosigkeit erst dadurch deutlich wird, daß man auch bei schärfstem Nachdenken keinerlei Aussicht auf Änderung erkennen kann. Wenn jemand auf den aberwitzigen Gedanken käme, daß Not und Elend die Zahl der Menschen in Grenzen zu halten vermöchte, so erläge er einem grausamen Irrtum. Das Gegenteil trifft zu: Je größer das Elend, desto höher auch die Geburtenrate. Falls es überhaupt einen Sinn macht, über das drohende Unheil nachzudenken, dann doch nur, wenn wir die ungeschminkten Wahrheit ins Auge sehen, wenn wir nicht schönfärben und wenn wir endlich begreifen, daß hier das Weltproblem Nummer eins liegt, neben dem alles andere beinahe verblaßt. (7)

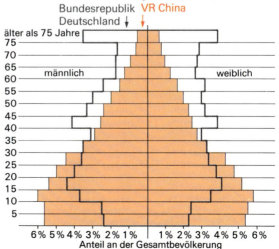

Unterschiedliche Bevölkerungsstrukturen, 1982 5 ▼

▲ 7 In der Oase Farafra, Ägypten
▼ 8

Warum die Armen viele Kinder brauchen

„Es gibt gute Gründe wirtschaftlicher ebenso wie soziopolitischer Natur, eine große Familie haben zu wollen. So ist eine der dringlichsten Überlegungen dabei, sich eine Altersversicherung zu verschaffen. In die Sozialversicherung fließen in Entwicklungsländern nur 5 Prozent des Bruttosozialprodukts (in Europa sind es 15 Prozent), und zudem gilt sie größtenteils nur für den modernen Sektor. Einer umfangreichen Untersuchung in mehreren asiatischen Ländern war zu entnehmen, daß die meisten städtischen Mittelschichtfamilien sich nicht auf finanzielle Altersunterstützung durch die Kinder verlassen wollten, während jedoch 62 bis 90 Prozent der armen Familien aus Stadt und Land dies tun würden.
Kinder sind auch Arbeitskräfte. Die westliche Vorstellung von der Kindheit als einer Zeit des Spiels und der Freiheit von Verantwortung gibt es außerhalb der Eliten in den Entwicklungsländern nicht. Ein heranwachsendes Kind wird schon mit vier oder fünf Jahren zu einem Mini-Erwachsenen. Zunächst wird es mit kleineren Aufgaben betraut, zu denen man wenig Kraft oder Geschicklichkeit braucht.
Durch die tiefverwurzelten geschlechtsbedingten Ungleichheiten, die es in vielen Teilen der Dritten Welt gibt, kommt es, daß die Söhne bei der Kosten-Nutzen-Rechnung, die Ehepaare im Rahmen ihrer Familienplanung aufmachen, die Töchter bei weitem übertrumpfen. Nach der Hindu-Religion kann nur ein Sohn die Begräbnisriten für die Seele seines Vaters ausführen: Ein rechtgläubiger Mann muß einen Sohn bekommen, sonst läuft er Gefahr, in minderwertiger Form, etwa als Schlange oder Schwein, wiedergeboren zu werden. Fast in allen Kulturen sind es die Söhne, die Namen und Ruf der Familie weitertragen und die Familiengüter erben. In Asien bekommen die Söhne die Aussteuer. Männer verdienen mehr als Frauen – daher bringen Söhne mehr Geld nach Hause, bevor sie heiraten, und können besser für ihre alten Eltern sorgen. So ist es nicht weiter verwunderlich, wenn indische Bräute traditionell mit dem Wunsch begrüßt werden: ‚Mögest du Mutter von acht Söhnen werden!' Denn ein Sohn reicht nicht. Solange die Kindersterblichkeit so hoch ist und noch irgendein Risiko besteht, daß man den einzigen Sohn verliert, muß man zwei Söhne haben. Bei einer Untersuchung im indischen Bundesstaat Gujarat ergab sich, daß die Ehepaare ihre Familienplanung so anlegten, daß in jedem Fall zwei Söhne zur Unterstützung der Eltern im Alter überlebten. Eine Mutter erklärte, die ideale Familie seien zwei Jungen und ein Mädchen, um jedoch sicher zu sein, daß auch zwei Söhne überlebten, konnten sie es sich nicht leisten, weniger als fünf Kinder zu haben, die über die schwierigen Jahre vor dem zehnten Lebensjahr gekommen sind.
Bei einer solchen gesellschaftlichen Lage sind Bevölkerungsprogramme meist ohne großen Erfolg geblieben." (8)

Wege aus der Krise?

Hält das rapide Bevölkerungswachstum in den Ländern der Dritten Welt an, so kann das in die Katastrophe führen. Wie aber läßt sich die Zahl der Geburten senken? Welche konkreten Maßnahmen sind denkbar? Was wird von den Experten vorgeschlagen?

Aus der Sicht einer durchschnittlichen Familie in der Dritten Welt ist die große Kinderzahl vor allem wirtschaftlich-existentiell begründet. Sie stellt damit zugleich eine Zukunftsinvestition für das Überleben dar. Kinderreichtum spielt daher so lange eine entscheidende Rolle zur Daseinsbewältigung, bis die Bedeutung der Großfamilie durch andere Instrumente der Zukunftssicherung abgelöst wird. Wie aber ist soziale Sicherheit in den Entwicklungsländern zu gewährleisten? Ein modernes Sozialversicherungssystem nach europäischem Muster kann für die Dritte Welt kein Vorbild sein, da dies ein erhebliches Steueraufkommen voraussetzt. Daher gilt es, nach anderen Perspektiven Ausschau zu halten. Ein Weg zu größerer Wirksamkeit bevölkerungspolitischer Maßnahmen könnte und sollte über die Entwicklungshilfe gefunden werden. Deren vorrangiges Anliegen ist die Förderung der ärmsten Bevölkerungsschichten. Namhafte Wissenschaftler haben die Ansicht vertreten, daß der Dritten Welt mit einer Ein-Kind-Rente als Anreiz zur Kleinfamilie am meisten gedient wäre.

Die Erfahrungen in China haben gezeigt, wie der Trend zur Kleinfamilie erreicht werden kann: durch Anhebung des Lebensstandards, der Bildung, der sozialen Sicherung sowie durch Senkung der Sterberate bei Kindern, alles unter Berücksichtigung sozioökonomischer und kultureller Rahmenbedingungen. Eines der größten noch ungelösten Probleme aller Entwicklungshilfemaßnahmen ist die Reduzierung der extremen Armut der fast drei Milliarden auf dem Lande lebenden Menschen. Dies läßt sich nur erreichen, wenn die nationale und internationale Entwicklungspolitik zukünftig noch entschiedener und bewußter die Grundbedürfnisse des einzelnen betroffenen Bürgers in den Vordergrund rückt und von Großobjekten weitgehend Abstand nimmt. Entgegen den in den Industrieländern geltenden Normen sollten, um das generative Verhalten entsprechend zu beeinflussen, nicht die kinderreichen, sondern die kinderarmen Familien gefördert werden. Anspruch auf Zuteilung einer Ein-Kind-Rente, so argumentieren führende Experten, sollen die Frauen zehn Jahre nach der Geburt ihres einzigen Kindes erhalten. Diese Rente würde die Familien in die Lage versetzen, zunächst die Ausbildung ihres Kindes zu finanzieren und im Alter über eine wenn auch minimale, das Überleben sichernde Rente zu verfügen. Kontrolle und Auszahlung der Rente könnten örtliche Genossenschaften übernehmen. Sie wären die Träger für den Aufbau und den Unterhalt von Gesundheitsdiensten zur Verbesserung der medizinischen Betreuung einschließlich der Familienplanung. Denn: Die Dritte Welt braucht ja nicht mehr Menschen, sondern gesündere Menschen, die eine höhere Lebenserwartung haben und länger im Berufsleben stehen.

Wie Beispiele aus Afrika und Asien zeigen, können Genossenschaften darüber hinaus auch den Vertrieb landwirtschaftlicher Produkte und die Gewährung von Krediten übernehmen. Sie sind damit in der Lage, entscheidende Entwicklungsimpulse zu geben, auf der Grundlage der Selbsthilfe und Selbstbestimmung. Allerdings gibt es bis heute nur wenige gelungene Projekte.

Würden solche Entwicklungsvorhaben in großer Zahl durchgeführt, so ließe sich mit folgenden positiven Auswirkungen rechnen: Der Bevölkerungszuwachs würde gebremst, die Kaufkraft gestärkt, Handwerk, Handel und Gewerbe würden intensiviert und damit die Arbeitslosigkeit abgebaut. Der Lebensstandard würde allgemein steigen.

Bei vordergründiger Betrachtung scheint dieser Weg einleuchtend und unkompliziert. Doch selbst in der Volksrepublik China, deren Regierung die Ein-Kind-Ehe erzwungen hat, kam es wieder zu einer gewissen Liberalisierung der Bevölkerungspolitik. Traditionelle, ethnische und religiöse Faktoren blieben oft unberücksichtigt, ganz zu schweigen von wirtschaftlichen Überlegungen. Wie Familienplanung in der Praxis aussieht, zeigt die Fallstudie Bangladesch (S. 54).

Mit dem Rücken zur Wand

„Die Regierungen Südamerikas stehen mit dem Rücken zur Wand. Die Rezepte des Internationalen Währungsfonds verlangen mehr Zeit und Opfer, als ihre prekäre innenpolitische Lage in der Regel zuläßt. So stellte der Vizepräsident Brasiliens lapidar fest: ‚Wir müssen einen Ausweg finden, denn unsere Schulden steigen ständig weiter und drohen innere Unruhen auszulösen.' Schon im Juni 1984 erklärte der neugewählte argentinische Präsident Alfonsin, er werde nicht zulassen, daß die Schulden mit dem Hunger seiner Landsleute bezahlt werden. Heute geht es weniger um die Frage, wer die Krise verschuldet hat, als darum, wie lange die Armen noch stillhalten werden. Auch für die reichen Gläubigerländer ist die Schuldenbombe eine politische Herausforderung. Was wäre, wenn nicht nur das bitterarme Bolivien, sondern auch potentiell wohlhabende Länder wie Brasilien und Argentinien die Hoffnungslosigkeit einfach dadurch zu durchbrechen suchten, daß sie weder Zinsen noch Kapital zurückzahlten? ‚Die Regierungen des Westens', so formulierte kürzlich der frühere englische Finanzminister Denis Healey, ‚treiben selbstgefällig auf den Abgrund zu — und mit ihnen die Banken.'" (9)

▲1

Die Schuldenkrise in der Dritten Welt

Wie bereits während der Kolonialzeit exportieren viele Länder der Dritten Welt bis heute überwiegend Rohstoffe. Gerade wegen ihres Reichtums an Bodenschätzen sind diese Länder einst Kolonien Europas geworden. Die billigen Rohstoffe wurden ins europäische Mutterland gebracht und dort zu gewinnbringenden Fertigwaren weiterverarbeitet. Diese ungleiche Arbeitsteilung ändert sich nur langsam.

Als nun nach der Ölkrise 1973 die Industrienationen einen wirtschaftlichen Rückschlag erlebten, benötigten sie weniger Rohstoffe – und damit sanken die Ausfuhreinnahmen vieler Entwicklungsländer. Da die Staaten der Dritten Welt aber nach wie vor einen steigenden Einfuhrbedarf vor allem an Nahrungsmitteln und Erdöl haben, müssen sie nun erheblich mehr für Importe ausgeben, als sie für Exporte einnehmen. Das Defizit der **Handelsbilanz** vieler Länder ist ständig gewachsen. Die Gesamtverschuldung der Entwicklungsländer hat sich seit 1973 verfünffacht.

Dabei fällt auf, daß die Schuldenrate ausgerechnet in manchen Schwellenländern überdurchschnittlich gestiegen ist. Prestigeobjekte und Konsumwünsche der Oberschicht werden nach wie vor auf der Grundlage teurer Kredite verwirklicht. Natürlich muß hierbei auch an die Verantwortung der internationalen Banken erinnert werden.

Die Belastungen durch den Schuldendienst sind in manchen Staaten so hoch, daß die fälligen Zinsen nur durch die Aufnahme neuer Kredite bezahlt werden können – sofern sie solche Kredite überhaupt noch erhalten.

Verschlechterung der Terms of Trade

Ein Grund für die passive Handelsbilanz vieler Entwicklungsländer ist auch die Verschlechterung der Handelsbedingungen, der sogenannten **Terms of Trade.** Was darunter zu verstehen ist, sei an einem Beispiel erläutert: Ein Land exportiert Baumwolle, muß aber Traktoren einführen. Solange die Preise für beide Produkte gleichbleiben, ändert sich nichts an den Terms of Trade, dem Verhältnis von Einfuhr- und Ausfuhrpreisen. Steigen aber die Preise für Traktoren schneller als die für Baumwolle, so verschlechtern sich die Terms of Trade für den Baumwollieferanten. Das Land muß nun mehr Baumwolle als früher ausführen, um die gleiche Menge an Traktoren einführen zu können. Die Preise auch vieler anderer Industriegüter sind in den letzten Jahren erheblich gestiegen. In Abb. 3 ist im Vergleich dazu die Entwicklung der Rohstoffpreise dargestellt.

Wege aus der Krise?

Die Entwicklungsländer brauchen mehr Möglichkeiten zur Weiterverarbeitung ihrer Rohstoffe. Mit dem Verkauf von Halbfertigwaren und Fertigprodukten ist nämlich in aller Regel mehr Geld zu verdienen. Wie Beispiele aus dem südostasiatischen Raum zeigen, kann bei entsprechender staatlicher Planung und Förderung der Aufbau einer eigenen Industrie gelingen. Länder wie Malaysia, Südkorea und Singapur konnten sich aus eigener Kraft weiterentwickeln und ihre Schulden leichter tilgen. Diesen Trend beobachten die Industrienationen aus Gründen wachsender Konkurrenz jedoch mit Sorge. Sie schützen sich auf zweierlei Weise vor Billigimporten: Entweder beschränken sie die Menge an Importgütern, oder sie erheben Zoll auf die eingeführten Waren. Dieser **Protektionismus** paßt nicht zu den Grundsätzen des freien Handels, der Marktwirtschaft und der gleichberechtigten Partnerschaft. Aber wenn Konkurrenz von außen zu Arbeitslosigkeit im eigenen Land führt, werden solche Grundsätze und Ideale oft schnell vergessen!

Eine weitere Forderung der Entwicklungsländer ist die **Stabilisierung der Rohstoffpreise**. Das soll durch Lieferabkommen garantiert werden. Dies ist z. B. in den Verträgen der EG mit den AKP-Staaten erreicht worden (Abkommen von Lomé). Viele Industrienationen befürchten freilich bei einer Preisgarantie für Rohstoffe eine baldige Überproduktion mit all ihren negativen Begleiterscheinungen für beide Seiten, etwa nach dem Muster der europäischen Agrarpolitik.

Allen diesen Forderungen, zu denen auch ein Schuldenerlaß für die MSAC-Länder gehört, stehen die westlichen Industriestaaten im Prinzip aufgeschlossen gegenüber. Sie lehnen aber eines entschieden ab: Weltwirtschaft und Welthandel sollen nicht verbürokratisiert und nicht planwirtschaftlich geregelt werden, etwa nach der Art der Staatshandelsländer des Ostblocks.

1 Begründen Sie die Verschuldung der Entwicklungsländer.

2 Welche Auswirkungen haben protektionistische Maßnahmen der Industrieländer in den Ländern der Dritten Welt?

3 Erläutern Sie die Abbildungen 3 und 4. Welche Staaten der Dritten Welt werden von den Preisschwankungen pflanzlicher und mineralischer Rohstoffe immer wieder besonders hart betroffen? (Atlaskarten, Welthandelsstatistik.)

4 Diskutieren Sie die Forderungen der Entwicklungsländer nach einer neuen Weltwirtschaftsordnung.

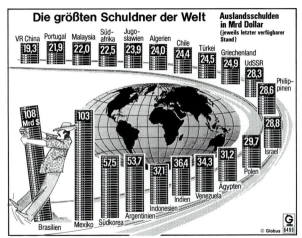

2 ▲

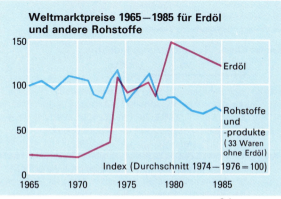

3 ▲

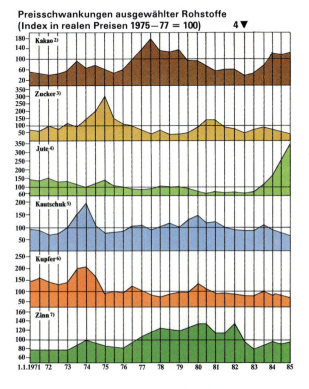

Kenia: Ursachen der Unterentwicklung

Entwicklungsstand und naturräumliches Potential

Die Republik Kenia wurde 1963 aus britischer Kolonialherrschaft entlassen. Seitdem hat das ostafrikanische Land beachtliche Aufbauleistungen vollbracht. Es gehört längst nicht mehr zu den ärmsten Staaten Schwarzafrikas. Vielfach wird es geradezu als „Modell für Afrikas Weg in die Zukunft" gepriesen. Dennoch zeigt Kenia noch immer viele typische Merkmale eines Entwicklungslandes. An ihm lassen sich beispielhaft die Ursachen für die Entstehung und den Fortbestand von Unterentwicklung in der Dritten Welt ablesen.

Der gegenwärtige Entwicklungsstand Kenias ist auf zahlreiche Faktoren zurückzuführen. Unter ihnen spielt die „Hypothek der natürlichen Ausstattung" zweifellos eine wichtige Rolle. Etwa zwei Drittel der Staatsfläche entfallen auf **Trockengebiete.** Diese sind nur spärlich besiedelt. Hier leben fast ausschließlich Nomaden. Der Anbau ist infolge geringer Niederschlagsmengen und hoher Niederschlagsvariabilität auf wenige, räumlich begrenzte Bewässerungsareale beschränkt. Mit Ausnahme der vielbesuchten Tierreservate fehlt jede infrastrukturelle Erschließung.

Die schmale, stellenweise von Korallenriffen gesäumte **Küstenzone** zählte – abgesehen von den wenigen Städten – früher ebenfalls zu

Kenia: Klima, Bodennutzung, Industrie

Zone I: Tropischer Regenwald an der Küste, Höhenwaldstufe im Gebirge. Nutzungspotential: Forstwirtschaft und intensive Landwirtschaft, in höheren Lagen für Kaffee, Tee, Pyrethrum (nat. Insektizid), Weizen und Kartoffeln, in tieferen alle Kulturpflanzen Ostafrikas.

Zone II: Subhumides Klima mit Vegetationsformen des regengrünen Feuchtwaldes und der Feuchtsavanne. Nutzungspotential: Auf guten Böden intensive Landwirtschaft, insbesondere Anbau von Mais, Hirsearten, Baumwolle, Weizen und Cashew-Nüssen; daneben Weidewirtschaft sehr bedeutend.

Zone III: Semiarides Klima mit Trockensavanne. Nutzungspotential: nur noch marginale Bedingungen für den Anbau. Optimale Nutzung durch Weidewirtschaft und Fremdenverkehr.

Zone IV: Arides Klima mit Dornsavanne. Nutzungspotential für Weidewirtschaft stark eingeschränkt; als Alternative wildwirtschaftliche Nutzung.

Zone V: Extrem arides Klima, Halbwüste, nur noch marginale weidewirtschaftliche Nutzungsmöglichkeiten (Voll- und Halbnomadismus).

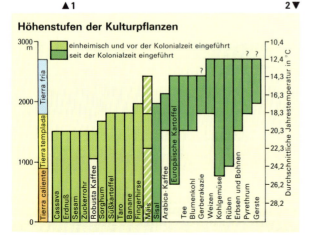

Höhenstufen der Kulturpflanzen

Kenia aktuell

Fläche	582 600 km²
Einwohner	20,3 Mio. (1985); 5,4 Mio. (1948)
Bevölkerungsdichte	35 E./km² (1985)
Geburtenrate	55 Geborene je 1 000 E. (1983)
Sterberate	12 Gestorbene je 1 000 E. (1983)
Jährliches Bevölkerungswachstum	4 % (1973–1982)
Lebenserwartung	57 Jahre (1983)
Analphabeten	47 % (1980)
Religionen	73 % Christen, 19 % Naturreligionen, 6 % Moslems

den unterentwickelten Regionen. Sie erhält zwar in den beiden Regenzeiten ausreichend Niederschläge. Weite Abschnitte bieten aber wegen ihrer kargen, wasserarmen Sand- und Kalkböden nur begrenzte Nutzungsmöglichkeiten. Hier herrscht bis heute der traditionelle Hackbau vor. Dasselbe gilt auch für das stufenförmig ansteigende, nur teilweise kultivierte Hinterland. Auf günstigeren Küstenstandorten erinnern ausgedehnte Kokos-, Sisal- und Zuckerrohrplantagen an die koloniale Vergangenheit des Landes. Südlich und nördlich von Mombasa, dem Haupthafen und der zweitgrößten Stadt Kenias, erstrecken sich die Luxushotels und Ferienanlagen des Ferntourismus. In ihrem Umland hat infolge der neugeschaffenen Absatzmöglichkeiten eine Intensivierung der Landwirtschaft begonnen.

Das reich beregnete, **zentrale Hochland** liegt durchschnittlich in über 1 500 m Meereshöhe. Es ist die ertragreichste Zone Kenias und hat zugleich den höchsten infrastrukturellen Entwicklungsstand. Hier liegt die Hauptstadt Nairobi, das Wirtschafts- und Kulturzentrum des Landes. Auf den fruchtbaren vulkanischen Verwitterungsböden erreicht die Bevölkerungsdichte Spitzenwerte von 300 bis 700 E./km². Wie in der Küstenzone ist die ursprüngliche Vegetation weitgehend verschwunden. An ihre Stelle sind Plantagen, Viehfarmen und Pflanzungen getreten.

[1] *Analysieren Sie anhand der Medien die naturgeographische Ausstattung Kenias. Beachten Sie auch die vertikale Zonierung des Landes.*

[2] *Worin äußert sich der niedrige Entwicklungsstand Kenias?*

Erwerbstätige in der Landwirtschaft	76 % (1984); 86 % (1965)
Energieverbrauch je Einwohner	105 kg SKE (1982)
Wichtige Ausfuhrgüter	Kaffee (30 %), Tee, Erdölprodukte, Ananaskonserven, Zement, Sisal
Außenhandel	Einfuhr: 1 502 Mio. US-$ (1984) Ausfuhr: 1 083 Mio. US-$ (1984)
Bruttosozialprodukt je Einwohner	300 US-$ (1984)

Küstenebene südl. Mombasa 4 ▲

Tsavo-Nationalpark 5 ▲

Zentrales Hochland bei Nairobi 6 ▲

Im Hochland, am Fuß der Aberdares 7 ▼

▲1 Altstadt von Mombasa

▲2 Anbau von Maniok in Küstennähe

▲3 Sisalplantage im Küstentiefland
▼4 Kaffeepflanzung im Hochland

Geschichtliche Hintergründe

Der niedrige Entwicklungsstand Kenias läßt sich allein durch die „Hypothek der naturgeographischen Ausstattung nicht erklären. Entscheidend für die Unterentwicklung sind vielmehr historische und gesellschaftliche Ursachen, wie die Analyse der vorkolonialen und kolonialen Entwicklung zeigt.

Die präkoloniale Phase

Die Landwirtschaft bildet von jeher die Existenzgrundlage der Afrikaner. Über Jahrhunderte haben sich hier sinnvolle Wirtschaftsformen ausgebildet. So ist z. B. der Hackbau den ökologischen Bedingungen der wechselfeuchten Tropen ideal angepaßt. Dasselbe gilt für den Nomadismus, ohne den weite Teile Kenias überhaupt nicht nutzbar wären. Die ausgeprägte Innovationsbereitschaft der afrikanischen Bauern, der hohe Entwicklungsstand der Agrarwirtschaft und die vorkolonialen Staatenbildungen zeigen, daß man Afrika im Vergleich mit dem vorindustriellen Europa nicht als zurückgeblieben und unterentwickelt bezeichnen kann. Es gab hier Kulturen mit blühendem Handwerk und Gewerbe. Innerhalb Schwarzafrikas und zu den Ländern um den Indischen Ozean bestanden intensive Handelsbeziehungen.

Allerdings wurde schon in präkolonialer Zeit eine eigenständige Entwicklung beeinträchtigt. Die Küste geriet im 10. Jahrhundert unter den Einfluß der Araber, die es auf Elfenbein und Sklaven abgesehen hatten. Ein größeres Ausmaß erreichten die Sklavenverfolgungen jedoch im 18. und vor allem im 19. Jahrhundert, als für die Plantagenwirtschaft Arbeitskräfte benötigt wurden. Vom Sklavenhandel profitierten damals Europäer, Araber und Stammeshäuptlinge. Um die Mitte des vorigen Jahrhunderts wurden allein auf dem Sklavenmarkt in Sansibar jährlich zwischen 40 000 und 70 000 Schwarze verkauft. Die bis in die 70er Jahre des 19. Jahrhunderts andauernden Sklavenjagden hatten verheerende Auswirkungen für Ostafrika: Millionen von Menschen wurden deportiert, Siedlungen und Fluren zerstört, weite Landstriche verödeten.

Die koloniale Phase

Mit dem Bau der Eisenbahnlinie von Mombasa zum Victoriasee begannen die Briten zwischen 1896 und 1901 mit der Kolonialisierung Kenias. Entlang der Bahnlinie entstanden die ersten Städte im Landesinneren, so Kisumu, Nakuru und auch die Hauptstadt Nairobi. Weiße Kolonisten ließen sich im klimatisch begünstigten Hochland beiderseits des Ostafrikanischen Grabens nieder. Dieses scheinbar unbesiedelte Gebiet war jedoch nicht herrenlos. Es gehörte einzelnen Kikuyu-Clans, die sich wegen einer Pockenepidemie und einer Hungersnot vorübergehend in feuchtere Gebiete zurückgezogen hatten. Ein Teil des Landes diente den Masai während der Trockenzeit als Weide. In mehreren militärischen Aktionen wurden die unruhigen Stämme „befriedet". Durch Umsiedlung von Afrikanern erweiterten die Briten die als unbesiedelt erklärten Gebiete. Immer neue Plantagen und Viehfarmen wurden angelegt. Im Jahre 1938/39 erfolgte die endgültige Grenzziehung in den „White Highlands". Bis 1960 konnte in diesem großen Gebiet kein Afrikaner Land erwerben. Da nur 14 % des Hochlandes ackerbaulich, 76 % dagegen viehwirtschaftlich genutzt wurden, entstand das Schlagwort von den „Empty Lands".

Der Landbesitz der Afrikaner blieb auf die Stammesreservate beschränkt, die sich auf weniger fruchtbarem Land an die White Highlands anschlossen. Sie waren für die vorherrschende Landwechselwirtschaft viel zu klein bemessen, vor allem auch deshalb, weil die verbesserte Gesundheitsfürsorge zu einem raschen Bevölkerungswachstum führte. Um den Erfolg der weißen Farmer sicherzustellen und Konkurrenz auszuschalten, war es den afrikanischen Kleinbauern bis 1954 untersagt, gewinnbringende Cash crops wie Kaffee und Tee anzubauen. Außerdem wurde eine Steuer eingeführt. So mußten die Afrikaner auf den Farmen der Weißen arbeiten.

Als Ergebnis dieser Entwicklung gab es in den White Highlands 1960, kurz vor dem Ende der Kolonialherrschaft:
- 2 500 gemischte Ackerbau-Viehzucht-Betriebe mit je etwa 550 ha,
- 590 Plantagen mit durchschnittlich 300 ha,
- 390 reine Viehzuchtbetriebe mit je 5 600 ha Fläche.

Diese vergleichsweise wenigen Farmbetriebe produzierten nicht weniger als 75 % aller für den Markt bestimmten Erzeugnisse sowie 90 % der vier wichtigsten Exportgüter: Kaffee, Tee, Sisal und Pyrethrum (Dalmatinische Kamille, natürliches Insektenbekämpfungsmittel).

[1] *Von Völkerkundlern ist die Hypothese aufgestellt worden, daß Kulturen aus eigener Kraft sinnvolle Ansätze für die Bewältigung ihrer primären Probleme entwickeln können. Diskutieren Sie diese Aussage.*

[2] *Beschreiben Sie Merkmale der einzelnen Wirtschaftsformen anhand der Fotos.*

[3] *Einer der ersten Gouverneure Britisch-Ostafrikas definierte 1905 das Leitmotiv der Kolonialverwaltung wie folgt: „European interests must be paramount!"
Wie versuchten die Briten, dieses Ziel zu verwirklichen?*

[4] *Fassen Sie anhand der Materialien (S. 18—21) wichtige Ursachen der Unterentwicklung und der regionalen Disparitäten zusammen.*

5 ▼

Phasen kolonialer Durchdringung

1000 n. Chr.	Mombasa wird arabische Handelsniederlassung.
1498	Die Portugiesen landen in Mombasa und Malindi. In der Folgezeit besetzen sie die wichtigsten Küstenstädte.
1728	Die Portugiesen werden von den Arabern aus Mombasa vertrieben. Die Küste gerät unter die Oberhoheit der Sultane von Oman.
1837	Der Sultan von Sansibar beherrscht den ganzen Küstenstreifen.
1873	Der Sklavenmarkt von Sansibar wird geschlossen.
1890	Der Raum des heutigen Kenia gerät unter britischen Einfluß.
1895	Die British East Africa Company verkauft die Gebiete des heutigen Kenia an die britische Regierung.
1920	Kenia wird britische Kronkolonie. Die Küste bleibt vorerst unter nomineller Hoheit des Sultans von Sansibar.
1963	Politische Unabhängigkeit.
1964	Ausrufung der Republik.

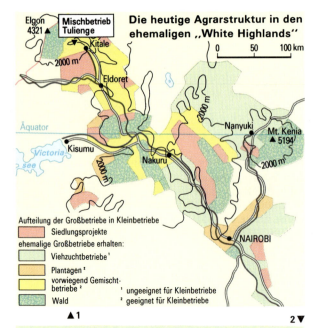

▲1

Gemischte Großfarm Tulienge im Kitale-Distrikt
„Die ehemalige Weyeta-Farm mit 520 ha wurde geschlossen von Herrn Tulienge aufgekauft.
Herr Tulienge hat 3 Frauen und 21 Kinder. Sie leben dort, wo früher die weißen Besitzer gelebt hatten. Allerdings mußten die Wohngebäude neu errichtet werden, da die Weißen alle Farmgebäude einreißen ließen, bevor sie dem Land den Rücken kehrten. (Nicht alle Weißen verhielten sich so.)
Auf der Farm leben 62 Arbeiter. Jede Familie der Farmarbeiter hat 0,4 ha Land zum Anbau von Subsistenz-Früchten zur Verfügung.
Die Farm besitzt 4 Traktoren, 2 Saatmaschinen für Mais, 2 Generatoren zur Stromgewinnung sowie einige weitere Maschinen (Pflüge). 300 Rinder weiden auf dem Land, außerdem 80–85 Milchkühe." (10)

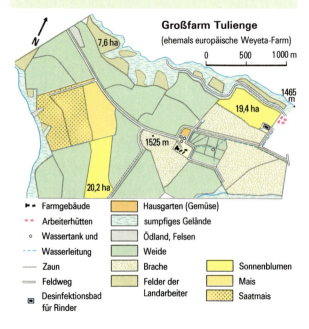

2▼

Entkolonialisierung und Afrikanisierung — das Ende der Fremdbestimmung?

Am Ende der Kolonialzeit gab es in Kenia zum einen stark übervölkerte, verarmte Stammesreservate mit vorherrschender Subsistenzproduktion und zum anderen dünn besiedelte weiße Farmgebiete mit guter Infrastruktur sowie hoher, überwiegend exportorientierter Agrarproduktion. Trotz des vorangegangenen blutigen Mau-Mau-Aufstandes der Kikuyu gegen die Weißen (1952–1956) verlief der Übergang in die Unabhängigkeit weitgehend konfliktfrei. Nachdem zwischen 1961 und 1963 fast 20 000 Weiße das Land verlassen hatten, wollte die neue Regierung den weiteren Massenexodus vermeiden. Sie versuchte daher, die ehemaligen Kolonisten – unter anderem durch Respektierung ihrer Eigentumsrechte – am Aufbau des unabhängigen Kenia zu beteiligen. Die Entkolonialisierung verfolgte mehrere Ziele:
● wirtschaftliches Wachstum auf privatwirtschaftlich-kapitalistischer Basis,
● Afrikanisierung der Wirtschaft und des öffentlichen Lebens,
● Abbau der Weltmarktabhängigkeit und
● Abbau regionaler und innergesellschaftlicher Unterschiede durch gezielte Entwicklungsmaßnahmen für alle Bürger.

Vorrangiges Ziel der Agrarpolitik war die Afrikanisierung der White Highlands. Die bereits von den Briten begonnene Reform wurde nun beschleunigt fortgeführt. Dabei verzichtete man auf Enteignungen ohne Entschädigung. Das Land der weißen Siedler wurde vielmehr Stück für Stück mit Hilfe von Darlehen der britischen Regierung aufgekauft und an Einzelpersonen oder Genossenschaften verteilt.
So entstanden in den ehemaligen White Highlands 90 000 neue Kleinbauernbetriebe. Viele von ihnen erreichten jedoch nicht das erwartete Produktionsziel, die Rückzahlung der Kredite an die Regierung stagnierte. Trotz des akuten Landmangels wurde daher ab 1969 mehr als ein Drittel aller europäischen Großbetriebe ungeteilt an politisch

einflußreiche oder vermögende Afrikaner übergeben. Der Staat sparte dadurch die Kosten für Vermessung und Aufteilung. Die exportorientierten Großbetriebe brachten zudem mehr Devisen ins Land. Doch ließ diese Agrarpolitik auch eine neue, jetzt afrikanische Schicht von Großgrundbesitzern entstehen. Das Problem des Landmangels und der Massenarbeitslosigkeit war durch mechanisierte Großfarmen ebenfalls nicht zu lösen. Da zudem vielen der neuen Landbesitzer anfangs die Kenntnisse und Mittel zur Leitung eines solchen Betriebes fehlten, gab es Rückschläge.

Doch blieben mit der Zeit die Erfolge nicht aus. Im ersten Jahrzehnt nach der Unabhängigkeit stieg die landwirtschaftliche Produktion um etwa 6 % pro Jahr, bei einer Wachstumsrate der Bevölkerung von 3 %. Nach 1979 erhöhte sich die Agrarproduktion allerdings nur noch um 2,4 % jährlich, die der Grundnahrungsmittel sogar nur um 1 %, während das Bevölkerungswachstum auf 4 % anstieg. Die Schere zwischen Erzeugung und Bedarf an Lebensmitteln öffnet sich also immer mehr. Gründe dafür sind die zunehmende Besitzzersplitterung, die kleinen Betriebsgrößen, die Übernutzung der Böden durch zu kurze Bracheperioden sowie die Ausdehnung der Nutzflächen in unfruchtbare Randgebiete hinein.

Ein weiterer Grund für den zunehmenden Mangel an Nahrungsmitteln war über Jahrzehnte hinweg die **Exportorientierung.** Um Devisen zu erhalten, förderte die Regierung zunächst den Anbau von Cash-crops in Großbetrieben. Später wurden auch Kleinbetriebe subventioniert, die mittlerweile einen erheblichen Anteil an der Gesamtproduktion von Tee und Kaffee erwirtschaften. Seit langem bekommt Kenia zu spüren, daß die ständige Ausweitung der Exportproduktion angesichts sich sättigender und abschottender Märkte in den Industrieländern zu rückläufigen Staatseinnahmen führt. Durch die gleichzeitige Steigerung und Verteuerung notwendiger Importe kommt es zu wachsender Auslandsverschuldung. Der Schuldenstand Kenias betrug 1985 3051 Mio. Dollar, was etwas mehr als 50 % des Bruttosozialprodukts entsprach.

Großfarm 3▲

In Kenia verrotten die Überschüsse unter freiem Himmel
Stuttgarter Zeitung, 14. 2. 1987
„Schon im März 1984 hatte Kenia die FAO aufgefordert, es von der Liste der bedrohten Länder zu streichen. Von Nahrungsmittelknappheit könne künftig keine Rede sein. Überschuß und Mangel gleichzeitig – was liegt da näher, als daß sich die Länder des Kontinents gegenseitig helfen? Unmöglich, denn dabei spielen die sogenannten Geberländer nicht mit. Sie verpacken ihre eigenen Überschüsse als ‚Hilfs'-Güter, während die Bauern in Kenia auf ihren Rekordernten sitzenbleiben. Die von den Industrienationen geforderten Produktionsanreize für die Landwirtschaft Afrikas verkümmern.
Während der Dürre, 1984, luden die Amerikaner Tausende von Tonnen Mais im Hafen von Mombasa aus. Da aber die Kenianer den gelben Mais nicht essen, sah sich die Regierung schließlich gezwungen, den größten Teil unter schweren Verlusten weiterzuverkaufen, um in den Lagern Platz für die eigenen Überschüsse zu schaffen. Doch damit nicht genug: Für einen Kredit von 10 Millionen US-Dollar liefern die USA 70 000 t Weizen und 15 000 t Reis nach Kenia, obwohl das Land beides selbst anbaut.
Die Dummen sind die Kleinbauern. Die Lagerung und die Vermarktung der Ernte wird über staatliche Behörden abgewickelt. Diese wälzen den Druck auf die Bauern ab. Überschüsse werden einfach nicht mehr abgekauft, der Absatz auf dem freien Markt ist verboten. Also verfüttern die Bauern den Mais nun an das Vieh oder lassen ihn einfach verrotten." (11)

▲4   Neue Siedlerstelle 5▼

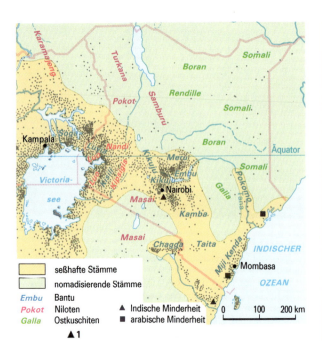

▲ 1

▲ 2 Kikuyu

▲ 3 Masai Muslime in Mombasa 4 ▼

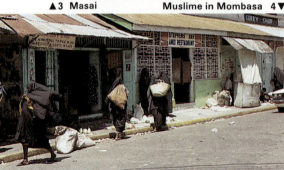

Die Völker Kenias (1979)
Bantusprachen

Kikuyu	3 202 821	20,9 %
Luhya	2 119 708	13,8 %
Kamba	1 725 569	11,3 %
Kisii	344 949	6,2 %
Meru	840 504	5,5 %
Mijikenda	732 830	4,8 %
Embu	180 400	1,2 %
Taita	153 119	1,0 %

Nilotische Sprachen

Luo	1 955 845	12,8 %
Kalenjin (Sammelgruppe)	1 652 243	10,8 %
darunter:		
Kipsigis	4,4 %	
Nandi	2,5 %	
Pokot	0,8 %	
Turkana	207 249	1,4 %
Masai	241 395	1,6 %
Samburu	73 625	0,5 %

Kuschitische Sprachen

Somali	277 827	1,8 %
Galla, Boran	238 487	1,6 %
Rendille	21 794	0,1 %

Zahlreiche kleinere ethnische Gruppen nicht aufgeführt.

Die Verständigung zwischen verschiedenen Stämmen erfolgt entweder in **Englisch** oder **Suaheli** (Swahili), welches zugleich die Sprachen der Zeitungen, von Rundfunk und Fernsehen, der Behörden und von Schulen sind.

5 ▲

Tribalismus (Definition)

„Tribalismus (engl. tribe), seit etwa 1960 Bezeichnung für stammesgebundene Politik in den afrikanschen Staaten. Tribalismus tritt in Form partikularstischer Regionalpolitik oder in der Bevorzugun ethnischer Gruppen beim Aufbau des Staates in Escheinung. Der Tribalismus erfährt meist eine negative Bewertung: Hauptgefahr für den Zusammenha von Staat und Nation." (12)

▲ 6 7 ▼

Aus einer Debatte des kenianischen Parlaments 1966

„Abgeordneter Shikuku:

‚Tribalismus herrscht in der öffentlichen Verwaltung Das Landwirtschaftsministerium ist von oben b unten kikuyisiert. Mehr als drei Viertel der Dstriktskommissare in diesem Lande sind Kikuyu. D Zahl der Distriktsbeamten, die Kikuyu sind, ist größer als die Zahl aller Angehörigen der andere Stämme zusammen. Ich erinnere mich, daß ich enes Tages in das Innenministerium ging und überascht war, weil die Sprache, welche dort gesprochen wurde, weder Englisch noch Suaheli war, sodern Luo, und zwar, weil damals der Führer der Opposition Innenminister war. So bekommen wir de Tribalismus in unsere Ministerien: Wenn wir eine Luo-Minister haben, ist jedermann bis zum letzte Bürodiener Luo; wenn er ein Kikuyu ist, dann finde man überall bis hin zum Bürodiener Kikuyu.'" (13)

Der Tribalismus als Entwicklungshemmnis

Seit der Unabhängigkeit treten zunehmend auch interne Entwicklungsprobleme auf. Eine Schlüsselrolle spielt dabei der **Tribalismus**. In Kenia leben etwa 70 verschiedene Stämme, die sich in Religion, Wirtschaftsweise und Kultur deutlich unterscheiden. Die größten unter ihnen, so vor allem die Kikuyu und die Luo, rivalisieren seit 1963 um die Macht im Staate.

Die Kikuyu, eine fleißige und bildungswillige Bauernbevölkerung, haben sich frühzeitig europäischen Einflüssen geöffnet. Sie zeigten stets politisches Bewußtsein und waren maßgeblich am Kampf um die Unabhängigkeit beteiligt. Heute gehört ihnen das meiste Land in den ehemaligen White Highlands. Sie stellen beinahe die Hälfte aller Einwohner Nairobis und sind auch in den anderen Städten Kenias in großer Zahl vertreten. Entscheidend ist, daß es ihnen im Laufe der Zeit auch gelungen ist, die meisten politisch bedeutenden Positionen im Staat zu besetzen.

Ein gegensätzliches Beispiel sind die Masai. Dieses so mächtige, kriegerische Hirtenvolk widersetzte sich lange allen Integrationsbestrebungen. Es bewahrte trotz wirtschaftlicher Nachteile alte Überlieferungen, überkommene Wirtschaftsweisen und soziokulturelle Identität. So lehnten die Masai landwirtschaftliche Genossenschaften als traditionsfeindlichen Kollektivismus ab. Sie mußten inzwischen eine beträchtliche Einengung ihrer überkommenen Rechte hinnehmen.

Der gerade von den herrschenden Bevölkerungsgruppen praktizierte Tribalismus erweist sich als besonders entwicklungshemmend. Er geht zwar auf uralte vorkoloniale Stammesgegensätze zurück, wurde aber vor allem durch die am „grünen Tisch" ausgehandelten Grenzen zu einem Problem vieler junger Staaten Afrikas. Die Bevorzugung einzelner Gruppen verfestigt die regionalen, wirtschaftlichen und sozialen Disparitäten. Sie schafft auch neue politische Gegensätze. Viele Initiativen, die oft nur den Wunsch einzelner Stämme nach kultureller Autonomie und Identität darstellen, werden nämlich von der herrschenden Bevölkerungsgruppe zum ungerechtfertigten, letztendlich staatsfeindlichen Separatismus umgedeutet und unterdrückt.

Problematisch ist nach wie vor das Verhältnis zu den weißen Mitbürgern, den Ausländern und den über 80 000 Asiaten, die nach der Unabhängigkeit in Kenia blieben. Heute leben hier mehr Weiße als im Jahre 1963. Ihr Einfluß ist groß, denn sie halten viele entwicklungsbestimmende Betriebe in ihrer Hand. Dasselbe gilt für die Inder, die in Industrie, Handel, Transport- und Finanzwesen eine bedeutende Rolle spielen.

Die Rolle der einheimischen Eliten im Entwicklungsprozeß

„Die einseitige Hervorhebung der Dependenzen verstellte oft den Blick auf ‚interne' gesellschaftliche Bedingungen, die — so sieht man es heute — letztlich verantwortlich zeichnen für die gegenwärtig ablaufenden Prozesse.

Wenn sich in den meisten Entwicklungsländern so wenig bewegt, ist das nicht Folge struktureller Blockierungen, also von Unfähigkeit, sondern von Unwilligkeit der herrschenden Eliten, die keineswegs ‚ferngesteuerte Marionetten' der Industrieländer sind, wie es von Dependenztheoretikern behauptet wird. Sie nutzen vielmehr ihre oft beträchtlichen Handlungsspielräume nur unzureichend zu einer — trotz aller kolonialen Strukturvorgaben möglichen — eigenständigen Entwicklungspolitik. Sie mißbrauchen den Staat als Bereicherungsobjekt für die eigene Gruppe und Klientel.

Allerdings sollte diese Kritik den Industrieländern nicht als Vorwand dienen, sich selbst gänzlich aus der Verantwortung herauszunehmen und den Regierungen der Dritten Welt alle Schuld für Fehlentwicklungen anzulasten." (14)

8▲

Nationalismus in Kenia

„Die Regierung in Nairobi hat nicht den leisesten Zweifel daran gelassen, daß die Somalis sich nicht mit ihren Brüdern jenseits der Grenze zu verbinden haben. Die Grenzen Kenias sollen so, wie sie von den Kolonialisten am Ende des 19. Jahrhunderts gezogen wurden, unantastbar sein. Wenn eine der ersten Handlungen einer nationalistischen Regierung, die gerade das Kolonialjoch abgeschüttelt hat, darin besteht, eine durchaus vernünftige Forderung anderer Nationalisten, die genau dasselbe wollen, abzulehnen, liegt darin natürlich eine Ironie, die kaum zu überbieten ist." (15)

Landnutzungskonflikte

„Die meisten und größten Wildschutzgebiete liegen in der Dorn- und Trockensavanne. Das Klima erlaubt keinen oder nur einen marginalen Anbau. Die Einführung bereits gezüchteter Maissorten, die in Räumen mit einem saisonalen Niederschlag von nur 50–175 mm ausreichende Wachstumsbedingungen haben, würde jedoch die potentielle Agrarfläche Kenias von gegenwärtig nur etwa 10 % auf etwa 40 % des Staatsgebietes ausdehnen und so die Schutzgebiete teilweise mit umfassen und hier den Siedlungsdruck verstärken.

Die stärksten Landnutzungskonflikte ergeben sich in diesen Räumen jedoch gegenwärtig weniger infolge der Landansprüche ackerbautreibender Gruppen als vielmehr zwischen dem Wildschutz/Tourismus einerseits und der traditionellen Nutzung durch seminomadische und nomadische Hirtenvölker andererseits. Durch die zunehmende Bestockung mit Rindern, die verstärkte Einengung des Wildbestandes auf immer kleinere Areale als Folge des hier massiven Siedlungsdruckes sowie durch die gleichzeitig steigende touristische Nutzung sind die Grenzen der ökologischen Belastbarkeit häufig bereits überschritten. Für diese Räume ist zu prüfen, welcher Nutzung der Vorzug gegeben werden sollte oder inwieweit multiple Nutzungen ohne größere Konflikte realisierbar sind.

Unter ausschließlich ökonomischer Betrachtung sprechen Argumente dafür, dem Wildschutz und damit auch dem Tourismus Priorität vor der traditionellen Viehhaltung einzuräumen. So haben Studien ergeben, daß auf gleicher Fläche die Biomasse des Wildes beträchtlich größer sein kann als die der Rinder. Die einzelnen Wildarten ernähren sich nämlich von unterschiedlichen und zahlreichen, die Nutztiere aber nur von relativ wenigen Gewächsen. Die meisten Wildarten benötigen weniger Wasser als etwa die Rinder, und sie können die Trockenzeiten, vor allem die immer wieder auftretenden Dürrekatastrophen, besser überstehen. In den durch Landnutzungskonflikte geprägten Räumen müssen jedoch auch außerökonomische Aspekte mit berücksichtigt werden. Die legitimen Ansprüche der Hirtenvölker auf eine Weiterführung ihrer überkommenen Wirtschaftsweise in ihrem traditionellen Siedlungsraum und auf Bewahrung ihrer soziokulturellen Identität können nicht einseitig zugunsten des Tourismus negiert werden." (16)

▲1

Internationale Solidarität ist gefordert

„Das unter Landmangel leidende Kenia muß eine Ausgleichszahlung dafür bekommen, daß die letzten großen Wildherden der Erde jedes Jahr zur Trockenzeit aus der Serengeti in die feuchteren Gebiete in Südwestkenia ziehen. Sonst werden diese Flächen eines Tages kultiviert, und die Herden haben keine Weidemöglichkeit mehr." (17)

Industrialisierung und Ferntourismus – Perspektiven für die Zukunft?

Die Lösung des Ernährungsproblems und der Abbau der drastisch steigenden Zahlungsbilanzdefizite sind für die Zukunft Kenias von zentraler Bedeutung. Die Agrarwirtschaft des Landes ist nur bedingt in der Lage, den Nahrungsmittelbedarf der zu rasch wachsenden Bevölkerung sicherzustellen. Sie kann längst nicht mehr die für Importe nötigen Devisen erwirtschaften. Aber auch durch eine forcierte Industrialisierung wird keine entscheidende Verringerung der stark negativen Handelsbilanz möglich sein. Infolge fehlender Exportalternativen wird daher dem Ferntourismus eine außenwirtschaftlich wichtige Rolle eingeräumt. Kenia besitzt hier eine Konkurrenzfähigkeit, die es für andere Güter nicht oder kaum erreichen kann. Au-

Strandzone nördl. von Mombasa 3▼

Lodge im Tierreservat 4▼

2▼

ßerdem bringt dieser Wirtschaftszweig binnenwirtschaftliche Vorteile, so z. B. neue Arbeitsplätze im Dienstleistungsbereich, im Agrarsektor, in der Küstenfischerei sowie in der Souvenirbranche. Allerdings ist die Gefahr der kulturellen Überfremdung groß. Der Ferntourismus ist zudem in starkem Maße von der Wirtschaftskonjunktur abhängig.

1 *In einer Arbeit über Theorien der Unterentwicklung wird folgendes Fazit gezogen:*
„Es gibt kein Zurück mehr zu den Theorien, die Unterentwicklung allein als hausgemachte Misere deuten. Andererseits reicht es auch nicht aus, den Imperialismus und Kolonialismus zum alleinigen Sündenbock der Unterentwicklung zu machen." (18)
Überlegen Sie nun Strategien zur Unterentwicklung Kenias.

▼5 In Nairobi

▼6 Masai und Touristen

Industrialisierung als Ausweg?

„Nach der Unabhängigkeit verzichtete Kenia auf die Verstaatlichung wirtschaftlicher Schlüsselbetriebe. Der Staat beteiligte sich lediglich an größeren Unternehmen oder errichtete Konkurrenzbetriebe. Außerdem wurden ausländische Investoren ins Land geholt. Zunächst stand die Importsubstitution im Vordergrund. Doch die Einsparungen an Devisen blieben relativ gering. Außerdem zeigte sich, daß der heimische Markt zu klein war. Daher verfolgt man seit 1979 die Strategie der exportorientierten Industrialisierung. Heute ist Kenia einer der am stärksten industrialisierten Staaten Afrikas. Die heimische Industrie produziert — größtenteils aus inländischen Rohstoffen und mit technischer bzw. finanzieller Hilfe des Auslandes — zahlreiche Güter des täglichen und gehobenen Bedarfs. Noch immer müssen jedoch teures Rohöl und solche Industriegüter importiert werden, die für die Entwicklung des Landes unentbehrlich sind: Maschinen, Industrieausrüstungen, chemische Produkte. Die Industrie blieb zudem auf wenige Standorte beschränkt. Die regionalen Ungleichgewichte wurden eher noch verschärft.
Ein Landeskenner faßt zusammen:
,Was die Abhängigkeit von Importen mindern, Beschäftigung und Wohlstand schaffen und den Grundstein für weiteres, von ausländischen Hilfsgeldern unabhängiges Wachstum legen sollte, ist heute oft nicht mehr als eine Ansammlung von Fabriken, die nur zu einem kleinen Teil ihrer Kapazität ausgelastet sind, die dem Staat dauerhaft auf der Tasche liegen und die dennoch den alteingesessenen Handwerkern und Kleinindustriellen den wirtschaftlichen Garaus gemacht haben. Die Versuche, das Entwicklungshindernis zu kleiner Binnenmärkte durch die Bildung regionaler Wirtschaftsräume zu umgehen, sind angesichts des mangelnden politischen Kooperationswillens und der schlechten Infrastruktur fehlgeschlagen. Über den Blütenträumen der Industrialisierung wurde die Landwirtschaft sträflich vernachlässigt.' " (19)

▲7   8▼

Grundlagen des Tourismus in Kenia

„Nationalparks und Wildschutzgebiete in großer Vielfältigkeit, beeindruckende Landschaften und die Küste mit ihren vielfältigen Wassersportmöglichkeiten sind in Verbindung mit guten klimatischen Verhältnissen sowie einem relativ niedrigen Preisniveau und einem hohen Standard des Hotelgewerbes die bedeutendsten touristischen Attraktionen Kenias. Sie haben die Entwicklung des Landes zum wichtigsten Zielgebiet des Tourismus in Tropisch-Afrika ermöglicht. Stabile politische Verhältnisse und eine an den westlichen Gesellschaften orientierte Außen- und Wirtschaftspolitik sind als Rahmenbedingungen dieser Entwicklung anzusehen." (20)

▲1 Dorf im Hochland Kenias

Stadtzentrum Nairobi 2▲

Verstädterung in der Dritten Welt

▼3

Ein Mann geht nach Nairobi

„Name: Peter Irungu, Geburtsort: Kahuhia, Familienstand: verheiratet, drei Kinder, ohne Beruf. Peter Irungu geht nach Nairobi, weil er Arbeit sucht. Er schleppt Steine, mischt Mörtel, schneidet Holz. Aber am liebsten ist er Anstreicher, arbeitet an sechs Tagen in der Woche fast zehn Stunden. Aber nicht immer hat er Arbeit. Ist Peter Irungu glücklich? ‚Nur wenn ich in Kahuhia bin, bin ich glücklich.' Sein Glück muß er in Nairobi versuchen. Geld verdienen, aber das Geld nicht ausgeben dürfen. Am Stadtrand haust er, in einer Kammer, ohne Wasser und Licht. Aber in diesem Loch sind wenigstens Menschen in seiner Nähe wie die in Kahuhia. Peter Irungu hat Wünsche: Er möchte sich eine Uhr kaufen — er tut es nicht. Er möchte ein Fußballspiel sehen — er tut es nicht. Sein allergrößter Wunsch: am Wochenende manchmal nach Kahuhia fahren, Geld heimbringen, seine Frau sehen, seine Kinder, die ganze große Familie, die auf einem kleinen Feld sich mit der langstieligen Hacke abmüht, Mais, Bohnen und Bananen anbaut, ein paar Kaffeesträucher versorgt. Er würde lieber hier mithelfen. Doch er geht in die Stadt, wo er ein Außenseiter ist in den Häuserschluchten und dem Verkehrsgewühl, wo der Luxus ihn blendet. Er verläßt die Geborgenheit einer Großfamilie, weil er mit Gelegenheitsarbeiten in Nairobi das Geld zusammensparen will, das er für einen Laden im Dorf braucht. Hundert Kilometer liegt Nairobi von Kahuhia entfernt, aber Kahuhia und Nairobi sind zwei Welten." (21)

4▼

Zweimal Nairobi

„Nairobi bietet den Besuchern Restaurants mit verlockenden indischen, chinesischen, afrikanischen und europäischen Spezialitäten, Autokinos, Theater, zahlreiche Bars, Nachtklubs und Spielkasinos, farbenprächtige, mit Waren und Souvenirs überhäufte Basar- und Marktstraßen, vierspurige Autobahnen, gepflegte, immerblühende Parkanlagen..."

„In Nairobi, dem wirtschaftlichen und kulturellen Knotenpunkt Afrikas, leben eineinhalb Millionen Menschen. Jeder zweite Einwohner der Stadt haust in einem Elendsquartier. Menschen zwischen Lehm, Pappe, Plastik und Blech. Ohne Ziel und Zukunft, inoffiziell, illegal, inhuman. Kariobangi, das Viertel der Benachteiligten, liegt am weitesten von der City entfernt, in der die Heruntergekommenen nur schwarze Statisten in einer von westlichem Glimmer geblendeten Metropole sind. In Kariobangi sind sie unter sich. Dort handwerkern und handeln sie, kaufen und verkaufen, was sie zum Überleben brauchen. Dort stecken sie in Sumpf und Gestank auf engstem Raum, schlafen im Dutzend auf feuchtem Lehm, mit Ziegen und Hühnern in einer Hütte, die nicht größer ist als ein Hundezwinger." (22)

Das Elend und die Städte wachsen

Nairobi (dpa). „Das explosionsartige Anwachsen der afrikanischen Städte nimmt immer bedrohlichere Formen an — schwere soziale und politische Turbulenzen können die Folge sein. Experten schätzen, daß bis zum Ende des Jahrhunderts über 360 Millionen Afrikaner, 43 Prozent der Bevölkerung, in Städten leben werden — die überwältigende Mehrheit in Elendsvierteln. Um Unruhe unter den Armen und Deklassierten in den Slums zu verhindern, müssen die Regierungen von Kairo bis Lusaka immer mehr Geld in die Städte pumpen. Der ‚Verteilungskampf' zwischen Stadt und Land wird noch härter werden. Schon heute sehen Entwicklungsexperten die Städte als ‚Parasiten' und ‚Wasserköpfe', die der Förderung der Landwirtschaft das Geld entziehen. Zum Ende der Kolonialära lebten noch neun von zehn Afrikanern auf dem Land, heute hausen bereits 30 Prozent in den Städten. Auch das für 1987 von der UN ausgerufene ‚Jahr der Obdachlosen' wird wohl kaum etwas an der traurigen Lage von Millionen Slumbewohnern ändern: In der nigerianischen Hauptstadt Lagos wohnen rund drei Viertel der vermutlich über sechs Millionen Menschen in den ‚Shanty Towns'. Und selbst in der ‚Wohlstandsmetropole' Nairobi leben weit über 300 000 Menschen allein im Riesen-Slum ‚Mathare Valley'. Experten fürchten, daß bis zum Ende des Jahrhunderts Städte wie Algier, Casablanca und Nairobi bis zu fünf Millionen Einwohner zählen werden, Kairo gar weit über 13 Millionen." (23)

5 ▲

Nairobi: Metropole zwischen Hoffnung und Verzweiflung

Angesichts der unablässigen Katastrophenmeldungen über Dürre, Hunger und Elend im ländlichen Raum Afrikas gerät die Krise der Städte oft nicht in gleichem Maße in unser Bewußtsein. Dabei gehören das atemberaubende **Städtewachstum** und die **Verstädterung,** d. h. die raschere Zunahme der städtischen Bevölkerung gegenüber der Landbevölkerung, zu den bedenklichsten Entwicklungsprozessen auf diesem Kontinent. Dies läßt sich am Beispiel Nairobis demonstrieren. Wie Nairobi, so wachsen auch die übrigen Metropolen Schwarzafrikas. Die auffälligste Folge dieses Wachstums sind die Elendsviertel. Oftmals wird zwischen zwei Typen unterschieden:

a) Die **Slums** sind innerstädtische, meist zentrumsnah gelegene Wohnviertel mit schlechter oder heruntergewirtschafteter Bausubstanz. Sie sind meist völlig überbelegt.

b) Die **Squattersiedlungen** entstehen als spontane, illegale und unkontrollierte Viertel auf öffentlichem oder privatem Grund, oftmals entlang von Schnellstraßen, Eisenbahndämmen oder Kanälen.

Beide Begriffe werden im Thema „Verstädterung" synonym gebraucht. Zuweilen wird auch der Begriff **Marginalsiedlungen** verwandt. Er weist darauf hin, daß die in ihnen lebenden Menschen sowohl räumlich als auch wirtschaftlich, sozial und vor allem rechtlich am Rand der Gesellschaft stehen.

▼6 Ambulanter Handel

Wohnen am Stadtrand 7▼

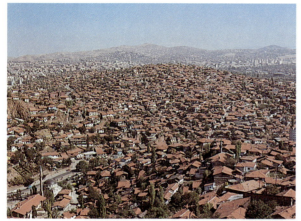
▲1 Ankara

▲2 Kalkutta

Verstädterung — ein globales Phänomen

Die Verstädterung ist längst zum weltweiten, offenbar nicht mehr umkehrbaren Prozeß geworden. In den Industrieländern begann das rasche Städtewachstum mit dem Übergang von der Agrar- zur Industriegesellschaft im 19. Jahrhundert. Nach dem Zweiten Weltkrieg wurde auch die Dritte Welt von der Verstädterung erfaßt. Inzwischen hat dieser Prozeß hier dramatische Ausmaße angenommen, während in den Industriestaaten ein gewisser Sättigungsgrad erreicht ist. 1950 lebten noch 62 % aller Städter in den Industrieländern. Im Jahre 2000 werden es nur noch 35 % sein. Der „Exodus der Unglücklichen" aus den verarmten ländlichen Räumen in die Elendsviertel der explosionsartig wachsenden, schon jetzt chronisch überlasteten Millionenstädte gilt unter Politikern und Wissenschaftlern als größtes entwicklungspolitisches Problem der Dritten Welt.

Die Verstädterung in den Entwicklungsländern ist allerdings nicht einfach als zeitlich versetzte Wiederholung der Vorgänge in den Industrieländern aufzufassen. Dort erfolgte die Verstädterung parallel zur Industrialisierung. In den Entwicklungsländern eilt sie dagegen der wirtschaftlichen Entwicklung voraus. Es findet eine „Verstädterung ohne Industrialisierung" statt. Diese ist also kein Indiz für Fortschritt und Entwicklung. Die meisten Großstädte, insbesondere die Hauptstädte, sind hier bis heute nicht Zentren, sondern bestenfalls Enklaven der Modernisierung und des sozialen Wandels.

Die allgemeine Tendenz zur **Vergroßstädterung** führt in zahlreichen Entwicklungsländern zur Entstehung einer **Primate City,** d. h. zur Vorherrschaft einer einzigen Metropole gegenüber den anderen Städten des Landes. In 15 von 22 Staaten Lateinamerikas ist die größte Stadt mehr als doppelt so groß wie die zweitgrößte. Häufig ist die größte Stadt zugleich nationale Hauptstadt, was neben der Bevölkerungsmassierung auch zur Überkonzentration der wichtigsten Funktionen im wirtschaftlichen, politischen, sozialen und kulturellen Bereich beiträgt.

Anteil der Bevölkerung in Marginalsiedlungen 1980

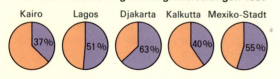

Kairo	Lagos	Djakarta	Kalkutta	Mexiko-Stadt
37%	51%	63%	40%	55%

▲3   4▼

Die 15 größten Städte der Erde

1950	Einwohner in Mio.	2000	Einwohner in Mio.
New York	12,3	Mexiko-Stadt	31,0
London	10,4	São Paulo	25,8
Ruhrgebiet	6,9	Tokio	24,1
Tokio	6,7	New York	22,7
Schanghai	5,8	**Schanghai**	22,6
Paris	5,5	**Peking**	19,9
Buenos Aires	5,3	**Rio de Janeiro**	18,9
Chicago	4,9	**Bombay**	17,0
Moskau	4,8	**Kalkutta**	16,6
Kalkutta	4,4	**Djakarta**	16,5
Los Angeles	4,4	**Seoul**	14,2
Osaka	3,8	Los Angeles	14,1
Mailand	3,6	**Kairo**	13,0
Mexiko-Stadt	3,0	**Madras**	12,8
Philadelphia	2,9	**Manila**	12,3

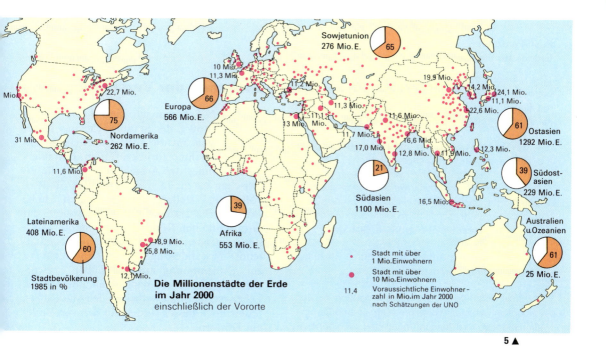

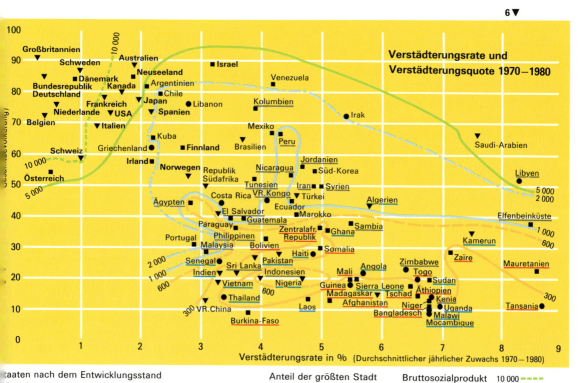

**Push-Faktoren
Gründe für die Landflucht**

„Die mit der Verstädterung zusammenhängenden Probleme rücken erst dadurch in das richtige Licht, daß sie mit den Verursachungsfaktoren der Landflucht in Zusammenhang gebracht werden, als da sind:

● Bevölkerungswachstum und Bodenverknappung in dichtbevölkerten ländlichen Gebieten

● Ungleicher Bodenbesitz, wachsende Bodenkonzentration in der Hand von Großbauern und Großgrundbesitzern (einschließlich ausländische Konzerne) zu Lasten von Kleinbauern und Pächtern

● Vernichtung von Arbeitsplätzen durch Mechanisierung in der Landwirtschaft

● Unzureichende Infrastrukturausstattung in den ländlichen Gebieten (vor allem Mangel an Bildungseinrichtungen und Einrichtungen des Gesundheitswesens, unzureichende Wasserversorgung, unbefriedigende Verkehrsausstattung und Mangel an Orten mit Einrichtungen zur zentralen Versorgung für den Umkreis)

● Niedriges Einkommensniveau, Arbeitslosigkeit und Unterbeschäftigung, mangelhaftes Güterangebot u. a." (24)

▲1   2▼

**Pull-Faktoren
Die Anziehungskraft der Stadt**

● Arbeitsplätze

● Menschliche Kontakte

● Elektrischer Strom, Fließwasser

● Kinos, Sport

● Westliche Importe

● Kaufhäuser, Geschäfte

● Schulen

● Chancen für eine höhere Schulbildung 7mal größer

● Verdienst: Pro-Kopf-Einkommen kann 3mal höher sein als auf dem Lande

● Banken: Kreditaufnahme — etwa für eine Wohnung — rund 9mal besser

● Chancen für ärztliche Versorgung rund 10mal, für ein Krankenhausbett sogar 100mal besser

Ursachen der Verstädterung

Nach UN-Schätzungen sind heute durchschnittlich 60 % des Städtewachstums in der Dritten Welt auf die hohe natürliche Bevölkerungszunahme zurückzuführen. Besonders die Bewohner der Armensiedlungen, die inzwischen bis zu 75 % der gesamten Stadtbevölkerung stellen, tragen durch hohe Fruchtbarkeitsraten zum Wachstum der Großstädte bei. Rund 40 % des Städtewachstums entfallen auf die unvermindert anhaltende Zuwanderung. Diese Landflucht ist zur „Abstimmung mit den Füßen" geworden. Sie wird nicht nachlassen, solange die Lebensverhältnisse selbst in den städtischen Slums noch besser sind als in den verelendeten Dörfern.
Die Ursachen der Landflucht werden üblicherweise mit Hilfe des Push-und-Pull-Schemas erklärt.
Eine solche Betrachtungsweise reicht jedoch für die komplexen Ursachen der Verstädterung allein nicht aus. Sie beschreibt zwar die auslösenden Elemente und die Motive der auf die Städte gerichteten Migration. Dies verleitet aber dazu, die Verhältnisse im ländlichen Raum und in den Metropolen als etwas unabänderlich Vorgegebenes hinzunehmen, ohne jeweils nach den Hintergründen und Rahmenbedingungen der Misere zu fragen. Eine Antwort hierauf ergibt sich, wenn man die Rolle der Metropolen im wirtschaftlichen und gesellschaftlichen Entwicklungsprozeß eines Landes betrachtet. Dabei wird nämlich deutlich, daß die Landflucht letztlich nur ein Symptom, nicht aber die Ursache der Verstädterung ist. Diese wiederum ist kein isolierter Vorgang. Ihre Ursachen sind mit jenen vergleichbar, die auch für die Unterentwicklung im ländlichen Raum verantwortlich zeichnen:
● In der Kolonialzeit wurde das heutige Verteilungsmuster der Großstädte sowie die Polarisierung zwischen Metropole und Hinterland vorgegeben.
● Die ungleichen weltwirtschaftlichen Beziehungen der Gegenwart führen zur einseitigen Konzentration von Produktionsstätten und Vermarktungseinrichtungen in verkehrsgünstigen, d. h. für Export und Import geeigneten Standorten.

Entwicklungstheoretische Bewertung des Verstädterungsprozesses

„Unter Wissenschaftlern und Entwicklungsplanern gibt es zwei grundsätzlich unterschiedliche Positionen bei der Beurteilung des Verstädterungsprozesses in der Dritten Welt.

Erstere Position beruft sich auf die Beobachtung, wirtschaftliche Entwicklung sei in geschichtlicher Zeit immer mit anwachsender räumlicher Interaktion und zunehmender Verstädterung verbunden gewesen. Daraus wird gefolgert, daß Verstädterung ein ‚generativer' und daher ein grundsätzlich begrüßenswerter Prozeß sei. Probleme, die in den Entwicklungsländern dabei aufträten, wie Ungleichgewichte in den Lebensbedingungen zwischen Stadt und Land bzw. Ungleichgewichte in der Herausbildung einer städtischen Hierarchie, werden entsprechend als Übergangsstadien gedeutet. Die Entwicklungsplanung müsse sich darauf konzentrieren, den Urbanisierungsprozeß so zu steuern, daß die negativen Begleiterscheinungen des Prozesses gemindert würden und die Verstädterung zum Instrument von sozialem Wandel und Entwicklung würde.

Im Gegensatz dazu verstehen Vertreter der zweiten Position den Verstädterungsprozeß in der Dritten Welt als Ausdruck einer abhängigen Entwicklung dieser Länder. Der Urbanisierungsprozeß wird in diesem Sinne als ein von außen her vermittelter Vorgang aufgefaßt, in dessen Verlauf die Wirtschafts- und Siedlungsstrukturen der Länder der Dritten Welt auf die Bedürfnisse der dominierenden Länder der Ersten Welt ausgerichtet und dabei deformiert worden seien. Der Verstädterungsprozeß wirke sich daher für die Mehrheit der Menschen in der Dritten Welt auf Dauer negativ aus. Nur Veränderungen der übergreifenden wirtschaftlichen und politischen Strukturen lassen aus diesem Blickwinkel Lösungen der Verstädterungsprobleme denkbar erscheinen.

Ebenso unterschiedlich wie der Verstädterungsprozeß insgesamt wird auch die Rolle der großstädtischen Zentren in der Dritten Welt beurteilt. Für die erste Position gelten sie als wichtigste Mittler, als ‚Katalysatoren' für sozialen Wandel und Fortschritt, als ‚Fenster' für kulturelle Anleihen aus den Industrieländern und als Integrationszentren für den Prozeß des ‚nationbuilding' in den ehemaligen Kolonien. Die zu beobachtende übermäßige Aufblähung dieser Städte und die daraus resultierenden Probleme werden in Analogie zur Medizin daher oft als eine ‚natürliche, schwangerschaftliche Leibesausdehnung' betrachtet, die ‚der Geburt vorausgehe'.

In der zweiten Position erscheinen die Metropolen der Dritten Welt dagegen grundsätzlich als ‚parasitär': Sie seien Glieder in der Kette eines urbanen Systems weltweiter Ausbeutungs- und Abhängigkeitsbeziehungen und dienten dem Abzug von Ressourcen aus dem ländlichen Raum der Dritten Welt in die Erste Welt. Das übermäßige Wachstum dieser Städte und die damit verbundenen Probleme werden in diesem Sinne — wiederum in Analogie zur Medizin — mit dem zerstörerischen Zellwachstum von Krebserkrankungen verglichen."
(25)

3 ▲

● Die interne, nationale Entwicklungspolitik bevorzugt einseitig wenige Großstädte, oft sogar nur die Hauptstadt, zu Lasten der übrigen Landesteile. Dies erhöht zwar die Attraktivität der Metropole, fördert aber zugleich auch die Zuwanderung und verschärft die Gegensätze zwischen Stadt und Land. Damit wird deutlich, daß auch die Slums in der Dritten Welt keineswegs als kurzfristige „pathologische" Übergangserscheinung aufzufassen sind. Sie stellen vielmehr wie die Landflucht und die Armut Symptome einer tiefgreifenden Krankheit des gesamten Systems dar. Experten folgern daher: „Wir müssen davon ausgehen, daß bis zum Ende des 20. Jahrhunderts in der Dritten Welt Städte entstanden sein werden, die weder in ihrer riesigen Größe noch im Elend der vorherrschenden Lebensformen Parallelen in der bisherigen Geschichte der Stadtentwicklung aufweisen."

Die Barriadas von Lima im zeitgenössischen Urteil 4 ▼

	50er Jahre	60er Jahre	70er Jahre	80/90er Jahre
Theoretische Orientierung	Naiver Vergleich mit westlichen Vorbildern	Einfluß der Modernisierungstheorien	Einfluß der Dependenztheorien	
Beurteilung der Stadt	Stadt als gewachsener Organismus	Stadt als Motor der Entwicklung	Stadt als Zentrum in der Peripherie	?
Beurteilung der Barriadas	B. als Krebsgeschwüre oder Pestbeulen	B. als Schule für werdende Städter und Viertel des sozialen Wandels	B. als marginale Viertel und sichtbarer Ausdruck von Dependenz	
Lösungsansätze	Abriß der Siedlungen und Vertreibung der Bewohner	Lenkung der Mobilität und Unterstützung individueller Aufstiegswillens	Unterstützung solidarischer Aktionen der Marginalien mit dem Ziel sozialer und politischer Veränderungen	

(26)

▲1 Aksaray, Türkei

Manila 2▲

Die Dritte Welt und die Schattenwirtschaft

„Die Stadtväter von Dhaka haben entschieden: Die Fahrrad-Rikschas sollen weg. Aus Sicherheitsgründen, heißt es offiziell. Künftig werden motorisierte Taxis in den Straßen der Hauptstadt von Bangladesch vom Fortschritt künden. Die Abschaffung der traditionellen Gefährte läßt sich die Verwaltung etwas kosten. Nicht nur, daß ein Automobilwerk gebaut werden soll. 30 Millionen Mark werden für Importautos ausgegeben. 1,5 Millionen Menschen werden ihr Einkommen verlieren, nicht gerechnet die indirekt Betroffenen — das gibt sogar die Stadtverwaltung zu.

Diese Nachricht liefert ein typisches Beispiel dafür, wie Politiker der Dritten Welt auf den modernen industriellen Sektor setzen. Das geht freilich auf Kosten der ‚Flickwerk-Ökonomie' der Armen. Kostbare Devisen fließen ab, Arbeitsplätze werden vernichtet, während der Nutzen höchst ungewiß ist. Welche Dimension das Problem hat, wird klar, wenn man bedenkt, daß weltweit eine Milliarde Menschen in dieser Schattenwirtschaft, dem sogenannten informellen Sektor, ein wenn auch minimales Einkommen finden. Viele der Schuhputzer, Straßenverkäufer, Essensausträger und Köchinnen haben zwar ‚zu wenig' Arbeit, konnten sich aber wenigstens über Wasser halten. Bis zu 60 Prozent Frauen organisieren so für sich und ihre Kinder ein Überleben. Die Arbeitsplätze in den Straßen, Basaren und Parks, in den Kellern, Hinterhöfen und Einzimmerquartieren der Elendsviertel kosten den Staat keinen Pfennig.

Infrastrukturverbesserungen, Investitionshilfen und Kredite zielen auf Industrieprojekte. Familienbetriebe und Kleingewerbe werden dagegen vielfach vom Staat finanziell ignoriert und zusätzlich durch Verwaltungsvorschriften behindert.

Oft wird der informelle Sektor als eine ‚Kinderkrankheit' der Entwicklung unterschätzt. Dabei ist er längst wichtiger Bestandteil der nationalen Volkswirtschaften. Auch wenn er im Bruttosozialprodukt nicht erscheint, stammt doch mindestens ein Viertel, wenn nicht ein Drittel des in den Städten erwirtschafteten Einkommens aus Bauchläden, Garküchen und Werkstätten. Außerdem erhalten hier viele Jugendliche eine Art Berufsausbildung, die ihnen das überlastete System vorenthält. Und drittens ist der informelle Sektor durch eine Kette von Zulieferern, Großhändlern und Transportunternehmern eng mit dem regulären Wirtschaftsgeschehen verknüpft. Mancher Industriebetrieb profitiert davon, daß in den Elendsvierteln staatliche und gewerkschaftliche Kontrolle nicht greifen. In den zu Recht ‚Sweat shops', Schwitzbuden, genannten Kleinbetrieben gelten keine Arbeitszeitregelungen. Hier bleibt das Finanzamt draußen vor, und die Löhne sind besonders niedrig. Verwandtschaftsbeziehungen kaschieren die oft quasi feudalen Abhängigkeiten. ‚Onkel' wird der Arbeitgeber genannt; er selbst nennt den Lehrling ‚Neffen'. Keine Gewerbeaufsicht prüft Licht, Luft und Sicherheit am Arbeitsplatz oder unterbindet Kinderarbeit." (27)

▲3

Vom Bettler zum hofierten Steuerzahler

In Djakarta arbeiten 600 000 Menschen als Hausierer, Schuhputzer oder Müllsammler.

„In den 70er Jahren wurden sie aus der Stadt vertrieben. Im Namen von Hygiene und Stadtverschönerung zerstörte die Polizei ihre Handkarren, Garküchen und Verkaufsstände. Heute werden die Straßenhändler der Millionenstadt Djakarta von der Regierung beinahe hofiert. Sie wurden als potentielle Steuereinnahmequelle entdeckt." (28)

4▼ 5▼

Überlebensökonomie

„Wenn man von etwa 25 Pfennigen am Tag leben muß, wie ein beträchtlicher Teil der Einwohner von Kalkutta — geht es nicht mehr um Lebensqualität, sondern ums Überleben. Die Reihenfolge der Bedürfnisse muß eisern immer neu durchdacht werden: Gebe ich mein Geld für eine Wohnung, fürs Essen, für Kleider zum Wechseln oder für Fiebertabletten aus?" (29)

▲6 Bombay Djakarta 7▲

Folgen der Verstädterung: die zweigeteilte Stadtwirtschaft

Zu den wichtigsten Folgen der Verstädterung zählt die zweigeteilte städtische Wirtschaft. Der **formelle Sektor,** d. h. die moderne Industrie, kann für die Masse der in die Städte strömenden Zuwanderer längst nicht mehr genügend Arbeitsplätze bereitstellen. Er arbeitet überwiegend mit kapitalintensiven, meist importierten Technologien. Die Produktion ist stark rationalisiert, um auch international konkurrenzfähig zu sein. Infolge seiner extremen Weltmarkt- und Konjunkturabhängigkeit ist er sehr krisenanfällig.

Der größte Teil der Zuwanderer und der neu ins Wirtschaftsleben eintretenden armen Stadtbevölkerung wird daher vom **informellen Sektor** absorbiert. Dieser dient als „Auffangbecken" und als „Überlebensökonomie" und wirkt gleichsam wie ein soziales Netz. Er umfaßt zum einen die Subsistenzproduktion zur Versorgung der Armen, so die Bereiche der Hauswirtschaft. Auch die Produktion von Nahrungsmitteln zur Selbstversorgung ist keineswegs auf die bäuerliche Landwirtschaft beschränkt. Sie findet auch in den Städten statt. Dasselbe gilt für den Bau von Wohnungen, die von den Bewohnern der Marginalsiedlungen selbst produziert werden.

Der informelle Sektor ist daneben aber auch mit der regulären Warenproduktion und mit dem Markt eng verflochten. Die Armen subventionieren damit das städtisch-industrielle System, indem sie alle für den formellen Sektor unprofitablen Arbeiten übernehmen und so knappes Kapital einsparen helfen. Keineswegs darf der informelle Sektor als unterentwickelte Vorstufe der höher entwickelten Marktwirtschaft verstanden werden. Auch stehen die traditionelle Subsistenzwirtschaft und die moderne Marktwirtschaft nicht unverbunden nebeneinander.

[1] *Stellen Sie die Merkmale des formellen und des informellen Sektors zusammen.*

[2] *Nehmen Sie Stellung zu Aussage a) und b):*
a) Der informelle Sektor ist ein Hindernis für Modernisierungsbestrebungen.
b) Der informelle Sektor ist ein funktionales und kreatives ökonomisches System unter den Bedingungen der absoluten Armut.

„Die **Terminologie ‚formeller/informeller Sektor'** entstammt den Untersuchungen des ILO (International Labour Office) und bezieht sich auf das Verhältnis zwischen Unternehmen und staatlichen Institutionen: Formelle Unternehmen sind staatlich anerkannt und haben einen legalen Status; äußeres Kennzeichen dafür sind z. B. Registrierung, Lizenzvergabe, staatliche Erfassung für steuerliche oder andere Zwecke. Der formelle Status ermöglicht dem Unternehmen eine anerkannte Interessenvertretung. Die informellen Kleinunternehmer operieren in ständiger Rechtsunsicherheit, da ihre Existenz nicht legalisiert ist. Dies kommt auch darin zum Ausdruck, daß sie selten systematisch erfaßt sind und außerhalb des ordentlichen Steuer- und Subventionssystems stehen." (30)

▲8 9▼

Anteil der Beschäftigten im informellen Sektor

Stadt	in % aller Beschäftigten
Nairobi (Kenia)	ca. 20
Lagos (Nigeria)	ca. 30–40
Kalkutta (Indien)	ca. 30–40
Djakarta (Indonesien)	ca. 50
São Paulo (Brasilien)	ca. 35–43

▲1 Teotihůacan

Wohnviertel der Oberschicht 5▲

▲2 Gebäude aus der Kolonialzeit

▲3 Stadtzentrum
▼4 Auf der Hauptstraße „Paseo Reforma"

Mexiko-Stadt: Zukunftsvision oder programmierte Katastrophe

Mexiko-Stadt vereinigt auf sich in bisher nie gekanntem Ausmaß alle Merkmale und Probleme der Verstädterung in den Entwicklungsländern.

Das explosionsartige Wachstum von Mexiko-Stadt begann erst nach 1940. Damals startete die Regierung ein ehrgeiziges Industrialisierungsprogramm. Der Großteil der staatlichen und privaten Investitionen floß in die Hauptstadt. Die Folge waren umfangreiche Zuwanderungen, die auch noch andauerten, als längst alle neugeschaffenen Arbeitsplätze besetzt waren und mit der Wirtschaftskrise der 80er Jahre zum Teil wieder verlorengingen. Fehlende gesetzliche Regelungen bewirkten ein unkontrolliertes Wachstum der Stadt. Planerische und ökologische Überlegungen wurden weitgehend zurückgestellt. Industriebetriebe, Handels- und Gewerbezonen, die Wohnsiedlungen des Mittelstandes und die Slums der Armen breiteten sich chaotisch in alle Richtungen aus. Während die Stadt wuchs, gingen ihre natürlichen Grundlagen verloren. Allein zwischen 1950 und 1970 wurden die Waldgebiete der Stadt um 20%, ihre Agrarflächen um 50% reduziert.

Heute leben hier auf 0,5% der Staatsfläche ein Viertel aller Mexikaner. Niemand weiß genau, wie viele es wirklich sind. Aber jedes Jahr kommen zwischen 700 000 und 1 Million Menschen hinzu. Bei gleichbleibender Geburtenrate und anhaltender Zuwanderung werden es bis zum Jahre 2000 mehr als 30 Millionen Einwohner sein.

Mexiko-Stadt: Magnet und Monstrum

„Dafür, daß Mexiko-Stadt das größte städtische Zentrum der Welt ist, hat es einen höchst unpraktischen Standort. Es liegt 2 250 Meter über dem Meeresspiegel, ist von Bergen und Vulkanen umringt, versinkt nach und nach in seinem weichen Untergrund, ist weit entfernt von allen Wasser-, Lebensmittel- und Energiequellen, leidet buchstäblich Mangel an Sauerstoff und liegt in einer Erdbebenzone. Aber die Tradition der Beherrschung des Staates von seinem zentralen Hochland aus ist seit den Zeiten Teotihuacans so stark, daß die Hauptstadt über ihre Funktionsfähigkeit hinaus gewachsen ist. Heute ist sie nicht nur die politische Hauptstadt des Landes, sondern auch sein Industrie-, Finanz-, Handels-, Unterhaltungs-, kulturelles und sogar religiöses Zentrum. Mit einer Bevölkerung von 18 Millionen ist sie zu einem Modell für das Chaos geworden, das andere Entwicklungsländer erwartet, in denen der Drang zur Industrialisierung ebenfalls einen Massenexodus aus notleidenden ländlichen in rasch expandierende städtische Gebiete auslöst und wo die Kehrseite der Unterentwicklung mit der Kehrseite der Überentwicklung zusammentrifft." (31)

Schon jetzt erwirtschaftet der Großraum Mexiko-Stadt fast die Hälfte des nationalen Bruttoinlandsproduktes. Die Stadt verfügt über 48 % des Handelsaufkommens, 52 % der Dienstleistungen, 53 % der Industriebeschäftigten, 60 % der Verkehrsmittel und 70 % des Bankenvermögens. Hier leben 50 % aller Studenten des Landes, und von hier werden die meisten Radio- und Fernsehprogramme ausgestrahlt. Aber in der Hauptstadt leben auch 10 % aller Menschen in extremer Armut. Weitere 23 % sind nicht in der Lage, ihre Grundbedürfnisse zu befriedigen. Zwei Drittel der Einwohner werden nicht von der Gesundheitsfürsorge erfaßt, und mehr als die Hälfte aller Arbeiter verdienen weniger als den gesetzlich vorgeschriebenen Mindestlohn. Es fehlt über eine Million Wohnungen. Inzwischen ist Mexiko-Stadt mit rasch steigenden Kriminalitätsraten auch eine der gefährlichsten Städte der Welt. Viele Beobachter sind sicher: Die Stadt ist dabei, den Rest ihrer Lebensgrundlagen und vielleicht sogar sich selbst zu zerstören.

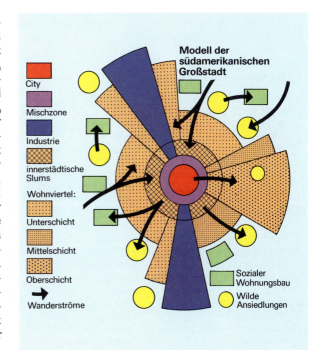

Zur Entwicklung von Mexiko-Stadt

1. Jh. n. Chr.: Das Hochtal von Mexiko wird zum Mittelpunkt der mexikanischen Kultur.
50–800 n. Chr.: Teotihuacan-Hochkultur, benannt nach einer Metropole unweit von Mexiko-Stadt.
1325: Die Azteken gründen Tenochtitlan auf einer Insel im See von Texcoco. Die Stadt wird bald zum politischen und religiösen Zentrum ihres Imperiums.
1521: Die Spanier unter Cortez zerstören Tenochtitlan und erbauen auf seinen Trümmern die neue Hauptstadt ihres Kolonialreiches in Mittel- und Nordamerika. Als Verwaltungs- und Kulturzentrum, als Sitz der Vizekönige, der Erzbischöfe und der spanischen Aristokratie erlebt die Stadt insbesondere zu Ende des 18. Jh.s eine Blütezeit.
1803: Alexander von Humboldt preist Mexiko-Stadt als eine der schönsten Städte, die Europäer jemals in der Neuen Welt errichtet haben.
1824: Proklamation der Republik. Mexiko-Stadt wird Hauptstadt und ist seither Sitz der Bundesregierung sowie des Obersten Gerichtshofes.
1910: Mexiko-Stadt hat etwa 560 000 Einwohner. Es ist eine „ruhige" Hauptstadt mit großen Kirchen und eleganten Palästen, umgeben von kleinen Indiodörfern.
1910–1929: Revolution. Viele Bauern und Großgrundbesitzer ziehen in die Stadt.
1930: 1 Million Einwohner.
1940: 1,5 Millionen Einwohner. Beginn der verstärkten Industrialisierung und des explosionsartigen Städtewachstums.

Stadtwirtschaft und Stadtstruktur

Der wirtschaftlichen Zweiteilung entspricht auch eine Zweiteilung der Stadtstruktur:

„Zum einen die moderne, funktionsentmischte Stadt des formellen Sektors, ausgebreitet über den ganzen Stadtraum, mit Wolkenkratzern, Villen und Industrieparks. Zum anderen dazwischen und daneben die informelle, die geduldete Stadt der Hütten, der mobilen Stände und der Straßenmärkte. Sie hat ihre eigene Ökonomie, eigene Lebensformen, oftmals eine eigene räumliche Struktur — Funktionsmischung von Wohnen und Arbeiten, Handel und Handwerk, nach Branchen sortiert, soziale Segregation nach ethnischer Zugehörigkeit. Diese informelle Stadt wird nicht nur durch die Sanierungsprogramme der Stadtplanung bedroht, mehr noch durch die privaten Grundeigentümer, die bei der kleinsten Aussicht auf höhere Einnahmen die informelle Stadt in die immer weiter auswärts gelegenen Stadtrandzonen vertreiben." (32)

▲9

Die Grenzen des Wachstums

- Kaum zwei Drittel der Einwohner haben einen Wasseranschluß in der Wohnung.
- Drei Millionen Hauptstädter haben keine Kanalisation, keine Klärgruben oder Latrinen.
- 12 000 Tonnen Müll fallen täglich an, von dem nur die Hälfte kompostiert wird.
- Die Abgase von mehr als drei Millionen Autos und über 8 000 Diesellastwagen machen drei Viertel der Luftverschmutzung aus. Den Rest besorgen 100 000 Industriebetriebe. Insgesamt werden täglich 12 000 Tonnen Metalle, chemische Substanzen, Bakterien und Staub in die Atmosphäre geschleudert.
- Die vergiftete und verpestete Luft tötet jährlich rund 30 000 Kinder. Sie sterben an Erkrankungen der Atmungsorgane, des Kreislaufs und des Magens. Man sagt, daß die Umweltverschmutzung jährlich über 100 000 Tote fordere.
- Das größte Problem ist die Wasserknappheit. Die Stadt holt ihr Wasser aus den tiefer gelegenen Tonschichten, aber seit man ihnen zuviel Wasser entzieht, sackt der Untergrund im Zentrum der Stadt um 25 Zentimeter im Jahr. Die unterirdische Kanalisation nimmt einen großen Teil des städtischen Schmutzwassers auf und leitet es einige hundert Kilometer weiter in den Salado. Aber dieser Fluß vereinigt sich mit dem Tula, der die umliegenden Anbaugebiete bewässert, von denen die Hauptstadt ihr Gemüse bezieht." (33)

▲10

„Für den **Ausbau der künftigen Wasserversorgung** von Mexiko-Stadt müßte das Wasser aus einer Entfernung von 200 Kilometern unter Überwindung einer Höhendifferenz von 2 000 Metern herangepumpt werden. Dazu wären sechs 1 000-MW-Kraftwerke erforderlich. Diese Anlagen würden mindestens sechs Milliarden Dollar kosten, was rund der Hälfte dessen entspricht, was Mexiko jährlich an Zinsen für seine Schulden im Ausland aufwenden muß. Angesichts solcher Zahlen wird bezweifelt, ob die Riesenstädte der Dritten Welt je die prognostizierte Größe erlangen werden." (34)

▲12 Infrastruktur und Wohnverhältn

Das Beispiel Mexiko-Stadt zeigt, daß die ökonomischen, sozialen und ökologischen Nachteile der Verstädterung ab einer bestimmten Stadtgröße überproportional zunehmen. Immer häufiger wird gefragt, ob und wie die Probleme der großen Metropolen bei anhaltendem Wachstum überhaupt noch zu lösen sind. Sicher ist, daß nur eine Kombination innerstädtischer und regionaler Entwicklungsmaßnahmen Abhilfe bringen kann.

Stadtinterne Strategien sollten helfen, neue Arbeitsplätze zu schaffen, ein Minimum an öffentlicher Versorgung bereitzustellen, die Kleinunternehmer des informellen Sektors zu fördern und die Wohnsituation zu verbessern. Besonders im Wohnungsbau hat sich das Prinzip der Selbsthilfe bewährt. Oft genügt die nachträgliche Legitimierung der illegalen Landnahme. Dies aktiviert die Eigen-

14 ▼

Strategien der Slumsanierung

Slum clearing	Site and service
Bis in die 50er Jahre. Abriß vor allem im Stadtzentrum. Vertreibung der Bewohner.	Unbebautes Land wird von Behörden erschlossen: Straßen, Wege und Entwässerungskanäle werden gebaut, zum Teil elektrische Leitungen und Wasserleitungen gelegt. Das Land wird in Grundstücke (sites) aufgeteilt. Diese werden von den Siedlern gepachtet oder gekauft und in Eigenleistung bebaut, oft in Nachbarschaftshilfe.
Stillschweigende Duldung	
Low-cost housing	
Bau einfachster Wohnblocks mit öffentlichen Mitteln. Verkauf zum Selbstkostenpreis. Mieten für viele Menschen zu teuer.	

Rand von Mexiko-Stadt 13 ▲

initiative der Betroffenen und verbessert ihre Lebensbedingungen ohne großen Aufwand an öffentlichen Mitteln.
Stadtinterne Strategien setzen aber meist nur an den Symptomen der Verstädterung an, nicht an den Ursachen. Eine auch langfristig wirksame Bewältigung des ungehemmten Städtewachstums und seiner negativen Folgen muß daher auf dem Lande beginnen!

1 Welche entwicklungspolitischen und planerischen Probleme ergeben sich aus dem raschen Wachstum der großen Metropolen?

2 Nehmen Sie Stellung zu dem Argument: „Innerstädtische Sanierungsprogramme verstärken nur den Sog in die Städte".

3 „Will man den Städten helfen, so muß man zuerst ihrem Hinterland helfen." Erläutern Sie diese Aussage, und diskutieren Sie die Realisierungschancen einer solchen Strategie.

Slum upgrading

Erhaltung und Aufwertung bestehender Slums durch nachträgliche Versorgung mit einer Mindestinfrastruktur. Allmähliche Verbesserung im Hausbau mit Selbstbeteiligung der Bewohner.
Voraussetzung für den Erfolg: Legalisierung der illegalen Siedlungen, also Absicherung der Grundstücke durch Kauf oder langfristige Pachtverträge.
Problem dieses Hilfsprogramms: Einige Bewohner werden wegsaniert, z. B. durch Mieterhöhung oder Anlage neuer Infrastruktur. Marginalisierung der Ärmsten der Armen. Verdrängung ursprünglicher Bewohner und Nachrücken bessergestellter Bevölkerungsschichten.

Ein Hüttenviertel entsteht

„Wer vom Lande in die Stadt zieht, hat keine andere Wahl, als sich illegal auf öffentlichem oder privatem Boden niederzulassen und seine eigene Unterkunft zu bauen. Jede Ansiedlung ohne Rechtstitel kann Konflikte heraufbeschwören. In manchen Fällen entfernen Polizisten die Siedler kurz nach ihrem Eintreffen gewaltsam von privaten Grundstücken. Doch es kommt häufiger vor, daß Gruppen von einem erfahrenen Mann organisiert und geführt werden, der genug Einfluß oder Geld hat, um die Polizei in Schach zu halten. Dann beginnt der lange Kampf darum, daß die Behörden das Land ,einer gesetzlichen Regelung unterwerfen' und für die Infrastruktur sorgen; diese Auseinandersetzungen können sich über Jahre hinziehen. Oft werden die Dienstleistungen hinausgezögert, bis die Rechtstitel verteilt sind. Mittlerweile kommen die Bewohner zu elektrischem Licht, indem sie die nächstgelegene Stromleitung anzapfen. Die ersten Ersparnisse werden für ein Fernsehgerät ausgegeben, dann weichen die Holzhütten allmählich Stein- oder Ziegelgebäuden, während der Kampf um das Eigentum an dem Grundstück weitergeht." (35)

▲ 15 16 ▼

Was könnte die Landflucht bremsen?

„Alle Prognosen über das Wachstum der Städte in der Dritten Welt und, damit verbunden, über die Wohnungsnot basieren auf der Voraussetzung, daß sich der augenblickliche Trend in den nächsten 15 Jahren fortsetzen wird. Es könnte freilich auch ganz anders kommen.
Zwei der alternativen Möglichkeiten seien hier angedeutet.
a) Es gelingt, die landwirtschaftlichen und nichtlandwirtschaftlichen Erwerbsmöglichkeiten auf dem Lande spürbar zu verbessern, zum Beispiel durch Anhebung der Erzeugerpreise und/oder durch Aufbau von Handwerksbetrieben oder von dezentralisierter Kleinindustrie. Die Aussichten, dies in einem Jahrzehnt zu erreichen, sind schlecht.
b) Die Lebens- und Überlebenschancen in den Stadt-Agglomerationen nehmen so rapide ab, daß früher als erwartet die Zuwanderung nachläßt.
Einige Beobachter neigen schon heute zu der Ansicht, die zweite Möglichkeit sei die mit der größeren Wahrscheinlichkeit auf Verwirklichung. Sie weisen darauf hin, daß die Lebensmittelversorgung zu vernünftigen Preisen bei anhaltendem Stadtwachstum nicht aufrechterhalten werden kann, daß die Brennstoffversorgung versiegen wird (schon heute ist in manchen Riesenstädten der Preis für Brennholz schneller gestiegen als der für Erdöl), daß die Beerdigung der Toten zum unlösbaren Problem werde, daß die Gefahren für die menschliche Gesundheit wegen Mangels an sanitären Einrichtungen überhand nehmen könnten und einiges mehr.
Es ist deprimierend, feststellen zu müssen, daß negative Erscheinungen in der Dritten Welt möglicherweise eher durch noch negativere Auswirkungen gestoppt werden könnten als durch positive Abhilfe. Aber es ist durchaus realistisch, die Dinge so zu sehen." (36)

Rohstoffimporte der Bundesrepublik Deutschland 1985

Rohstoff	Anteil der Entwicklungsländer an den deutschen Importen in %	Mio. DM	Wichtige Lieferländer
Kupfererze	78	486,8	Mexiko, Papua-Neuguinea, Polen
Zinnerze	100	13,2	Malaysia, Thailand, Indonesien, Birma, Bolivien, Zaire
Eisenerz	64	1 586,2	Australien, Brasilien, Kanada
Bleierze	33	54,8	Kanada, Marokko, Schweden, Thailand
Bauxit	72	310,4	Australien, Guinea, Sierra Leone
Naturkautschuk	99	585,3	Indonesien, Malaysia
Jute	100	6,3	Bangladesch, China
Baumwolle	67	759,6	Argentinien, USA
Laubhölzer	85	814,1	Brasilien, Elfenbeinküste, Kamerun, Liberia, Malaysia
Kaffee	100	4 336,5	Brasilien, Kolumbien
Kakao	100	1 203,6	Elfenbeinküste, Kamerun
Tee	92	145,1	China, Indien, Sri Lanka
Bananen	100	683,6	Costa Rica, Ecuador, Honduras, Panama
Erdöl	62	24 831,1	Großbritannien, Libyen, Nigeria

▲1

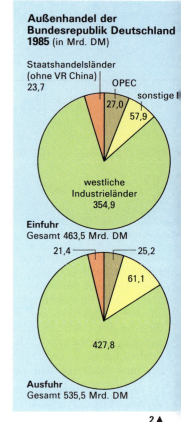

Außenhandel der Bundesrepublik Deutschland 1985 (in Mrd. DM)

Einfuhr Gesamt 463,5 Mrd. DM
- Staatshandelsländer (ohne VR China) 23,7
- OPEC 27,0
- sonstige 57,9
- westliche Industrieländer 354,9

Ausfuhr Gesamt 535,5 Mrd. DM
- 21,4
- 25,2
- 61,1
- 427,8

2▲

Möglichkeiten und Grenzen der Entwicklung — Motive, Ziele und Adressaten der Entwicklungshilfe

Grundzüge der Entwicklungshilfe

Die internationale Entwicklungshilfe setzte nach 1950 ein. Mehrfach haben sich seither Motive und Ziele der Entwicklungspolitik geändert.

Zwar erzielten die Länder der Dritten Welt in dieser Zeit wirtschaftliche und soziale Erfolge, dennoch ist die Aufgabe, Hunger und Elend auf der Welt zu beseitigen, noch weithin ungelöst.

Die Entwicklungsländer sind für uns wichtige Handelspartner. Internationale Stabilität und Frieden hängen langfristig davon ab, daß diesen Ländern eine reelle Chance zu einer eigenständigen Entwicklung eingeräumt wird. Lange Zeit wurde zu wenig bedacht, daß Entwicklung

● nicht nur mit Geld erreicht werden kann,
● ein langwieriger, mit kulturellem Wandel verbundener Prozeß ist,
● nicht von außen machbar ist und
● wie die langjährige Praxis zeigt, auch Irrwege und Mißerfolge einschließt.

Wie also kann effektive Entwicklungshilfe geleistet werden?

[1] Belegen Sie anhand der graphischen Darstellungen die intensive wirtschaftliche Verflechtung der Bundesrepublik Deutschland mit den Entwicklungsländern. Charakterisieren Sie die Warenströme.

[2] Stellen Sie Gemeinsamkeiten und Unterschiede zwischen den Motiven und Zielen der deutschen Entwicklungspolitik und den Forderungen der Entwicklungsländer fest.

Wichtige Forderungen der Entwicklungsländer

① Anerkennung als vollwertige und gleichberechtigte Partner, Recht auf eigenständige Entwicklung;
② Verfügungsgewalt über die eigenen Rohstoffe und auch die Entscheidungsbefugnis, ausländische Firmen und Investitionen nach eigenen Regeln zu enteignen;
③ Kontrolle von Großkonzernen;
④ höherer Anteil der Entwicklungsländer an der Weltindustrieproduktion, Abbau von Handelsschranken, Öffnung der Märkte auch für Fertigwaren aus der Dritten Welt;
⑤ Abkommen für einzelne Rohstoffe zur Stabilisierung der Preise (Rohstoffkartelle);
⑥ Schonung natürlicher Ressourcen, Beteiligung an der Ausbeute von Bodenschätzen im Meer;
⑦ Steigerung der Investitionen im Industriesektor, damit die Entwicklungsländer bis zum Jahre 2000 einen Anteil an der Weltindustrieproduktion von 25 % erreichen;
⑧ Erhöhung der Agrarerzeugung, um den Nahrungsmittelbedarf zu decken;
⑨ Neuordnung des Weltwährungssystems, Schutz vor Inflation, Erleichterung der Schuldenlast;
⑩ Steigerung der öffentlichen Entwicklungshilfe in den Industrieländern auf 0,7 % des Bruttosozialprodukts.

Motive und Ziele der deutschen Entwicklungspolitik

① Verwirklichung der Menschenrechte, des sozialen Fortschritts und der sozialen Gerechtigkeit. Oberstes Ziel ist es, Menschen zu dienen.
② Hauptzielgruppe bei der Entwicklungshilfe sind die ärmsten Bevölkerungsschichten, besonders in den 45 MSAC-Ländern. Das bedeutet in erster Linie, deren **Ernährung aus eigener Kraft** zu sichern.
③ **Hilfe zur Selbsthilfe** bedeutet: Die Mobilisierung und aktive Beteiligung der betroffenen Menschen am Entwicklungsprozeß sowie die Erfüllung ihrer Grundbedürfnisse sollten bestimmende Kriterien für Programme und Projekte sein.
④ Bei der Vorbereitung und Ausführung von Entwicklungsvorhaben ist stärker auf die sozialen Auswirkungen zu achten. Die **Evaluierung von Projekten** muß intensiviert werden. Bei der Erfolgsbewertung dürfen nicht nur meßbare wirtschaftliche Daten im Vordergrund stehen, sondern auch immaterielle Gesichtspunkte wie die Stärkung des Selbstvertrauens, der Solidarität und kulturellen Identität.
⑤ Einzelvorhaben treten zugunsten integrierter Projektplanung zurück.
⑥ Humanitäre Hilfsmaßnahmen sind mit entwicklungspolitischen Maßnahmen abzustimmen.
⑦ Die Nahrungsmittelhilfe sollte noch mehr auf Katastrophenfälle beschränkt bleiben. Sie darf die Motivation zur Eigenanstrengung nicht schwächen.
⑧ Vor allem Klein- und Kleinstprojekte sind ohne große bürokratische Hürden zügig den jeweiligen Einsatzbedingungen in den Entwicklungsländern anzupassen.
⑨ Das Instrumentarium zur Förderung der Tätigkeit deutscher Unternehmen in der Dritten Welt muß auf seine entwicklungspolitische Wirksamkeit überprüft werden; Entwicklungsvorhaben sind auf ihre **Umweltverträglichkeit** hin zu kontrollieren.
⑩ Die Bundesrepublik Deutschland setzt sich für den Aufbau einer leistungsfähigen, gerechten und sozialen Weltwirtschaft ein.
⑪ Erfahrungen und Erkenntnisse zurückgekehrter Entwicklungshelfer und Experten sind zu nutzen.
⑫ Trotz finanzieller Engpässe soll weiter das Ziel verfolgt werden, 0,7 % des Bruttosozialprodukts für die Entwicklungshilfe zur Verfügung zu stellen. (37)

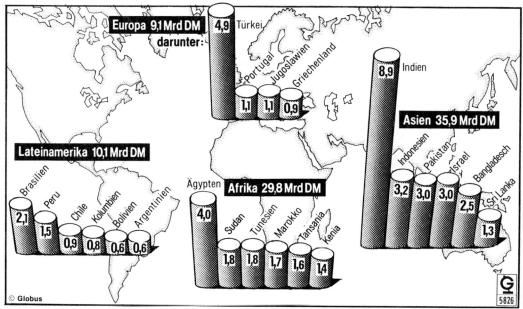

▲1 Schwerpunkte der Entwicklungshilfe der Bundesrepublik Deutschland 1950–1984 (in Mrd. DM)

Strategien staatlicher Entwicklungshilfe

1. Entwicklung durch Steigerung des Bruttosozialprodukts

Die deutsche Entwicklungshilfe setzte im Jahr 1952 ein. In den ersten beiden Dekaden wurde Unterstützung zum einen in Form der Kapitalhilfe gewährt. Zum anderen förderte man Projekte, die das Wirtschaftswachstum zum Ziel hatten. Viele Politiker und Experten waren nämlich der Meinung, daß Hunger und Armut durch Steigerung des Bruttosozialprodukts je Einwohner verringert werden könnten. Das wachsende Volkseinkommen, so argumentierten sie, werde schließlich bis zu den Armen „durchsickern". Es galt das Motto: „Kümmere dich um das Bruttosozialprodukt, dann kümmert es sich um die Armut." Diese Konzeption erwies sich als Irrweg. Die Bevölkerungsexplosion setzte sich fort, die Verelendung der Massen nahm dramatische Ausmaße an.

2. Entwicklung auf der Grundlage der Grundbedürfnisstrategie

Einen entscheidenden Anstoß zum Umdenken brachte die Rede des damaligen Weltbank-Präsidenten McNamara in Nairobi im Jahre 1973: Er gebrauchte den Begriff „absolute Armut" und definierte ihn als „Zustand solch entwürdigender Lebensbedingungen wie Krankheit, Analphabetentum, Unterernährung und Verwahrlosung". Damals galt für die 800 Millionen der Ärmsten:

● Pro-Kopf-Einkommen unter 150 Dollar (in Preisen von 1975);
● Kalorienverbrauch pro Tag unter 2160–2670 (je nach Land);
● Lebenserwartung unter 55 Jahren;
● Kindersterblichkeit über 33 ‰;
● Geburtenrate über 25 ‰.

Von nun an sollte die direkte Beseitigung von Armut absoluten Vorrang haben. Diese **Grundbedürfnisstrategie** fand anfangs sowohl in den Entwicklungsländern als auch in den Industrieländern breite Zustimmung. Die Entwicklungspolitik soll danach in erster Linie die absolute Armut bekämpfen, folglich die Grundbedürfnisse der Bevölkerung decken: Wohnung, Kleidung, Wasserversorgung, medizinische Betreuung und Bildung. Heute überwiegt die Skepsis gegenüber dieser Strategie. Vertreter von Entwicklungsländern argwöhnen, dadurch werde der Dritten Welt moderne Technologie vorenthalten. Dies sei nur ein Vorwand, die Entwicklungshilfe einzuschränken und die Industrialisierung zu verhindern.

In jüngster Zeit werden folgende neue Strategien zur Überwindung von Unterentwicklung und Massenarmut diskutiert:
● Das Konzept einer **binnenmarktorientierten Entwicklung** durch eine zumindest zeitweilige Abkopplung der Länder der Dritten Welt vom Weltmarkt.
● Eine **neue Weltwirtschaftsordnung**, um die sich zuspitzende Krisensituation zu entschärfen.
● Das Konzept einer **angepaßten Integration** in den Weltmarkt nach dem Vorbild einiger asiatischer Staaten wie Malaysia, Südkorea oder Singapur.

3. Der pragmatische Weg: Hilfe zur Selbsthilfe – angepaßte Technologien

Als sicher gilt heute, daß es eine für alle Entwicklungsländer gültige Strategie nicht gibt und aufgrund außerordentlich unterschiedlicher Voraussetzungen von Land zu Land auch nicht geben kann. Die Bundesrepublik Deutschland hat seit 1960 weit über 10 000 Projekte in der Dritten Welt geplant und ganz oder teilweise finanziert. Erfolge wie Fehlschläge haben zu einer pragmatischen Handhabung der Entwicklungshilfe geführt. Da in fast allen Entwicklungsländern die Landwirtschaft der wichtigste Wirtschaftssektor ist und der weitaus größte Teil der Bevölkerung im ländlichen Raum lebt, konzentriert sich die deutsche Entwicklunghilfe heute auf dieses Feld. Die geförderten Vorhaben richten sich am Konzept der Grundbedürfnisstrategie aus. Sie zielen auf eine Steigerung der Produktion: intensivere Nutzung der Acker- und Weideflächen, bessere Fruchtfolgesysteme, Sicherung der Eigenversorgung und Marktproduktion. Diese Politik der kleinen Schritte orientiert sich an einer „Entwicklung von unten", die wiederum auf dem Grundsatz **Hilfe zur Selbsthilfe** beruht. Wirklich zu motivieren ist die Bevölkerung erfahrungsgemäß nur dann, wenn sie sich selbst am Entwicklungsprozeß beteiligen sowie ihre Kenntnisse und Fähigkeiten einbringen kann. Dies erfordert aber in vielen Drittweltländern auch eine Änderung der eigenen Entwicklungspolitik.

Die Entwicklung im ländlichen Raum geht freilich oft über den Agrarsektor hinaus und erfaßt Bereiche wie das Gesundheitswesen, die Infrastruktur, Handwerk und Kleingewerbe. Als wirksame Hilfe, bei entsprechender staatlicher Förderung durch das betroffene Land selbst, hat sich die **angepaßte Technologie** erwiesen. Darunter versteht man den Einsatz von Geräten und Produktionsverfahren der verschiedensten Art – traditionell wie modern –, die den spezifischen Bedingungen des jeweiligen Entwicklungslandes entsprechen. Sie sind einfach zu handhaben, einfach herzustellen, energiesparend, kurzum: unkompliziert. Dabei kann es, wie Paul Harrison in „Zukunft der Dritten Welt" schreibt, um den Hausbau mit Lehmziegeln, ausgetüftelte Bewässerungsmethoden, energiesparende Kochstellen oder althergebrachte und neue medizinische Heilmethoden gehen.

Großprojekte werden heute einer viel strengeren Prüfung unterzogen. Man hat aus den Fehlern gelernt, Entwicklungsstufen überspringen zu wollen. Das bedeutet aber wiederum nicht, daß z. B. auch eine große Fabrik „angepaßt" sein kann – vorausgesetzt, sie schafft Arbeitsplätze, spart einheimische Rohstoffe und Devisen ...

---

[1] *Der Hauptanteil der deutschen Entwicklungshilfe kommt besonders den bevölkerungsreichen und armen Entwicklungsländern zugute. Überprüfen Sie dies anhand der Graphik (Abb. 1) und anderer Medien innerhalb des gesamten Themenblocks.*

[2] *Äußern Sie sich zur Kritik der Entwicklungsländer an der Grundbedürfnisstrategie.*

[3] *In den 60er und Anfang der 70er Jahre flossen Gelder der deutschen Entwicklungshilfe vielfach in Großprojekte. Die Interessen der betroffenen Bevölkerung wurden oft zu wenig berücksichtigt. Wie wird versucht, bisher gemachte Fehler künftig zu vermeiden? Erläutern Sie das neue Motto: Ziel der Entwicklungshilfe ist die „Hilfe zur Selbsthilfe" und die angepaßte Technologie.*

Entwicklungszusammenarbeit in der Praxis

Landläufig ist die Meinung verbreitet, alle Entwicklungshilfe werde in der Praxis von Entwicklungshelfern geleistet. Entwicklungshelfer arbeiten z. B. als Oberschullehrerinnen in Botswana, als Ausbilder an technischen Schulen in Tansania, als Wasserbauingenieure in Nepal oder als Ärzte und Krankenschwestern in allen Ländern der Dritten Welt. Sie stellen ihre Arbeitskraft einheimischen Organisationen zur Verfügung und werden stets von den Entwicklungsländern unter Vertrag genommen. 1986 waren weltweit etwa 5 000 Deutsche mit Entwicklungsaufgaben betraut. Im Gefüge der vielfältigen Entwicklungshilfe stellen sie dennoch nur einen kleinen Faktor dar.

Generell unterscheidet man staatliche und nichtstaatliche Entwicklungshilfe. Die **staatliche Entwicklungshilfe** finanziert fast ausschließlich der Staat, der stets die Regierungen der beteiligten Länder einschaltet. Zuständige Kontrollinstanz ist das Bundesministerium für wirtschaftliche Zusammenarbeit (BMZ). Zwischen Antrag auf Entwicklungshilfe und Abschluß eines Projekts vergehen bei der geforderten sorgfältigen Planung und Durchführung zwei bis sieben Jahre. Dabei treten in rund 70 % aller Fälle „mäßige" bis „schwere" Probleme auf.

Was volkstümlich Entwicklungshilfe und im amtlichen Sprachgebrauch Entwicklungszusammenarbeit heißt, ist nur ein kleiner Teil der vielfältigen Beziehungen zwischen Industrie- und Entwicklungsländern. Die Redensart „Viele Köche verderben den Brei" trifft auf die Kooperation zwischen der Bundesrepublik Deutschland und den Staaten der Dritten Welt nicht zu. Die vielfältigen Aufgaben verlangen neben der staatlichen besonders auch die nichtstaatliche oder private Initiative. Jede Organisation hat nämlich ihre Stärken. Dieses Potential gilt es im Interesse der Entwicklungsländer zu nutzen.

Die **nichtstaatliche Entwicklungshilfe** wird von den Kirchen, dem Roten Kreuz und zahlreichen anderen Organisationen getragen und meist ohne Einschaltung von Regierungsstellen abgewickelt. Häufig erhält sie ebenfalls staatliche Unterstützung. Die Schwerpunkte der kirchlichen Projekte, allen voran „Brot für die Welt" und „Misereor", liegen in der Förderung der schulischen und außerschulischen Bildung und Ausbildung sowie im Gesundheitswesen. Sie zielen darauf ab, den Selbsthilfewillen der Bevölkerung dort zu mobilisieren, wo es an staatlicher Hilfe fehlt. Mit ihrer weitverzweigten Organisationsstruktur können die Kirchen mit relativ geringem Aufwand unmittelbar an der Basis, sozusagen „an den Graswurzeln" ansetzen.

Die großen Parteien sind mit ihren politischen Stiftungen ebenfalls in über 300 Projekten engagiert. Sie bilden außerdem Stipendiaten zu Fach- und Führungskräften aus.

[1] *Begründen Sie, warum die Planung und Durchführung von Entwicklungsprojekten meist viele Jahre erfordern. Analysieren Sie die Abbildungen 1, 2 und 4.*

[2] *Überlegen Sie, warum das Sprichwort „Viele Köche verderben den Brei" im Bereich der Entwicklungszusammenarbeit keine Berechtigung hat. Über Mißerfolge wegen mangelnder Planung informieren die beiden Themen „Das Projekt ‚Neues Tal'" (S. 60) und „Das Projekt ‚Massa' in Südmarokko" (S.64).*

[3] *Diskutieren Sie anhand der Plakatabfolge von „Brot für die Welt" (S. 47) die Ziele kirchlicher Entwicklungshilfe im Wandel der Zeit.*

[4] *Fordern Sie Materialien über Entwicklungshilfeprojekte verschiedener Organisationen an (Abb. 1), und bewerten Sie die Art der Entwicklungszusammenarbeit.*

[5] *Vergleichen Sie die Art der Entwicklungshilfe früher und heute (Abb. 3). Überlegen Sie, wie und warum sich die Schwerpunkte in jüngerer Zeit verschoben haben.*

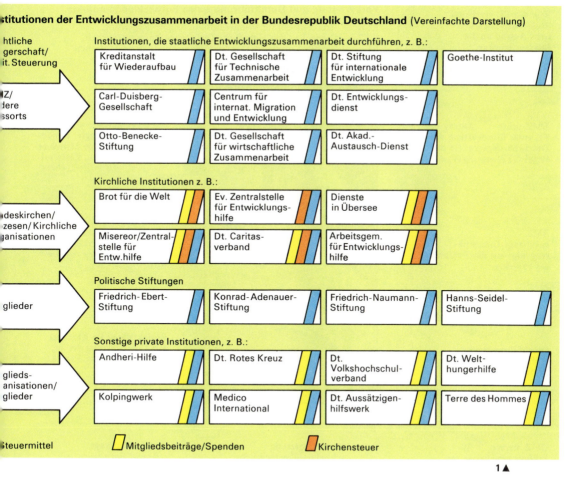

1 ▲

▼ 2

Arten der Entwicklungszusammenarbeit

Bilaterale Zusammenarbeit: direkte Kooperation zwischen einem Industrie- und einem Entwicklungsland.

Multilaterale Zusammenarbeit: mehrere Industrieländer finanzieren eine internationale Organisation (meist Unterorganisation der UNO), die Projekte in Entwicklungsländern bezuschußt oder betreut.

Finanzielle Zusammenarbeit: Unterstützung mit Kapital in Form von Krediten oder Zuschüssen.

Technische Zusammenarbeit: Entsendung von Fachleuten durch die Industrieländer, Lieferung von Ausrüstung und Material.

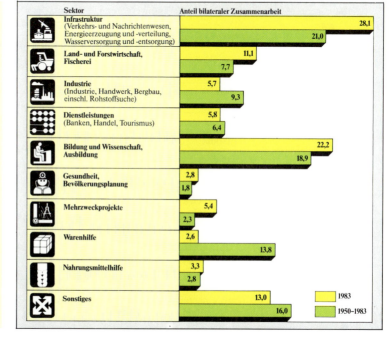

Vorbereitung und Durchführung eines Entwicklungsprojekts

KfW = Kreditanstalt für Wiederaufbau, Reg. = Regierung,
GTZ = Deutsche Gesellschaft für Technische Zusammenarbeit,
EL = Entwicklungsland, Org. = Organisation, dt. = deutschen

- Reg. des EL erarbeitet Projektvorschlag und stellt Antrag an die Bundesregierung.
- BMZ prüft Antrag des EL unter Einschaltung der Durchführungsorg. (in der Regel GTZ oder KfW) vor.
- BMZ beauftragt Durchführungsorg. mit der Prüfung des Projekts.
- Durchführungsorg. prüft Projekt und legt Prüfungsbericht vor.
- BMZ wertet Prüfungsergebnisse aus und entscheidet über Förderungswürdigkeit.
- Bundesregierung schließt völkerrechtliche Vereinbarung mit Reg. des EL.
- BMZ beauftragt Durchführungsorg. mit der Abwicklung der dt. Leistungen für das Projekt.
- Projektträger im EL führt mit Unterstützung der dt. Durchführungsorg. Projekt durch.
- Während der Projektdurchführung prüfen Durchführungsorg. und BMZ, ob Projekt planmäßig realisiert wird.
- Nach Projektende prüfen EL, dt. Durchführungsorg. und ggfs. Bundesrechnungshof ordnungsgemäße Mittelverwendung u. Zielerreichung.

Dieses vereinfachte Schema zeigt die wichtigsten Schritte von der Formulierung eines Projekts bis zu seiner Durchführung und der Prüfung seines Erfolgs.
Abstimmungen innerhalb der Bundesregierung werden nicht im einzelnen dargestellt.

▲ 4 5 ▼

Fördermaßnahmen von „Brot für die Welt" 1986 Ausgewählte Beispiele aus Indien

Uthiramerur Talug	Bildungsprogramm in 30 Dörfern	Nagpur und landesweit	Intensivierung des kirchlichen Engagements in der Gesundheitsarbeit
Valarkundram-Gebiet	Technische Ausbildung für vorzeitige Schulabgänger	Trivandrum und Quilon/Kerala-Distrikt	Handwerkertraining und Häuserbau für arme Familien
Hyderabad	Umweltschutzzentrum		
Kalkutta	Rechtshilfe	Vaigai Damm/ Tamil Nadu	Entwicklung mit Hilfe von Kooperativen
Kalkutta	Bereitstellung von Arbeitskapital für eine Vermarktungsorganisation	Arakkonam und Umgebung	Entwicklungsprogramm mit Frauen und Landarbeitern
Karnataka-Distrikt	Programm für Frauen in drei Elendsvierteln	Versch. Orte in Madhya Pradesh	Brunnenbauprogramm
Nord-Kerala	Entwicklung unter Ureinwohnern und Kastenlosen	Hyderabad	Aufbau eines Dienstleistungsnetzes für die Verbreitung angepaßter ökologischer Technologien
4 Bundesstaaten	Programm zur Befreiung und Rehabilitierung von Schuldknechten		
Medak-Distrikt/ A. P.	Kindertagesstätten und Erwachsenenbildungsprogramm	Mirzapur-Distrikt	Programm zur Förderung angepaßter ländlicher Infrastruktur und Wirtschaftsvorhaben

Kirchliche Entwicklungshilfe im Wandel der Zeit
Beispiel: Schwerpunktthemen von „Brot für die Welt"

> Verstärkt fragen uns auch kirchliche Partner in Übersee nach dem Engagement europäischer Kirchen bei der wichtigen Aufgabe, gerade die westliche Denk- und Lebensweise zu ändern, die auch in die Entwicklungsländer exportiert wurde. So tragen die Herauslösung des Menschen aus seiner natürlichen Umgebung, der ausbeuterische Umgang mit den natürlichen Ressourcen und die Technologiegläubigkeit dazu bei, auch noch die letzten intakten Ökoregionen der Erde zu vernichten. (38 a)

Aktion „e" seit 1977 7 ▲

▲ 6   Von 1958—1972

Ich war hungrig, aber wo meine tägliche Nahrung wachsen könnte, wird Tee für euch angebaut. Ich war hungrig, aber ihr habt aus Zuckerrohr und Maniok Treibstoffe für eure Autos destilliert. Ich war hungrig, aber eure Konzerne ließen auf meinen besten Böden euer Wintergemüse pflanzen. Ich war hungrig, aber ihr habt meine Nahrung eurem Vieh gefüttert. Ich war hungrig, aber ihr wolltet nicht auf das Steak aus Südamerika verzichten. Ich war hungrig, aber die Abwässer eurer Fabriken vergiften die Fischgründe. Ich war hungrig, aber mit eurem Geld habt ihr mir die Nahrungsmittel weggekauft.
Ich war hungrig, aber ihr habt mir nichts zu essen gegeben! (39)

▲ 8   Seit 1981

Die ökologische Zeitbombe tickt. Immer drohender sind die Folgen menschlicher Eingriffe in die Natur: Krankheiten und Hungerkatastrophen, Dürren und Überschwemmungen ... Die Partner von »Brot für die Welt« versuchen durch angepaßte Technik, bodenschonende und naturverträgliche Systeme ländlicher Entwicklung die gestörte Umwelt zu entlasten. (39 a)

Seit 1986 9 ▶

Arme als „homogene Masse"

„Ein erstes gängiges Klischee ist die Vorstellung, die Armen in der Dritten Welt bildeten eine undifferenzierte, weitgehend homogene Masse. Empirische Forschungen haben aber gezeigt, daß es sich bei ‚den Armen' um eine äußerst heterogene, in sich vielfach geschichtete Bevölkerungsgruppe handelt. Im ländlichen Bereich gehören dazu nicht nur die Kleinbauern, sondern auch Kleinstbauern mit winzigen Parzellen, die zusätzlich als Landarbeiter tätig sind; Pächter mit Pachtverträgen und solche ohne jede Sicherheit; Landlose, die als Tagelöhner oder als gebundene Knechte arbeiten; Kleinhändler und dörfliche Handwerker; Hausdiener und andere Dienstleistende. Entwicklungsmaßnahmen, die sich allein auf Kleinbauern konzentrieren, vernachlässigen notgedrungen die Masse der sonstigen Armen, was insbesondere das große Heer der Landlosen, der Marginalbauern und der ungesicherten Pächter betrifft.

Noch gravierender als die Vielfalt der Armen erscheint die Tatsache, daß sich innerhalb der armen Bevölkerung beträchtliche Unterschiede in der wirtschaftlichen Situation und der sozialen Stellung des einzelnen ergeben. Daraus folgen oftmals vielfältige Abhängigkeits- und Ausbeutungsverhältnisse innerhalb der Armutsbevölkerung, z. T. sogar innerhalb eines Haushaltes, etwa was die Situation von Kindern und Frauen betrifft." (40)

▲1

Die Armen als Zielgruppe der Entwicklungshilfe

Wenn Entwicklungshilfe rasch und direkt wirksam werden soll, muß sie bei den Hauptbetroffenen, den Armen, ansetzen. Allerdings wurde lange Zeit zu wenig berücksichtigt, was Armut eigentlich bedeutet. Neuere Untersuchungen zeigen, wie differenziert die Gruppe der Armen ist und wie sehr Klischees und Vorurteile die Wirksamkeit von Entwicklungshilfemaßnahmen behindern. Die folgenden Auszüge aus einem Interview mit dem Geographen Hans-Georg Bohle geben wichtige Erkenntnisse über diese Zusammenhänge wieder. Daraus resultieren zwangsläufig Folgerungen für verbesserte **armutsorientierte Entwicklungsstrategien!**

Vorurteile und Klischeevorstellungen über die Armut 2

Die „Armen" sind eine einheitliche Gruppe (Homogenität)

Die „Armen" haben keine Funktion für die übrige Gesellschaft, sind überflüssig und eine volkswirtschaftliche Belastung (Marginalität)

▼3 Gelegenheitsarbeit in Amritsar, Indien   4▼

„Marginalität" der Armen

„Eine zweite Vorstellung ist schließlich die, die a[rm]e Bevölkerung in der Dritten Welt sei von de[r] übergreifenden Wirtschaft und Gesellschaft isoli[ert,] sie sei für diese ohne jede Bedeutung, ja geradez[u] eine Bürde. Diese Annahme übersieht, daß auc[h] die Armen in vielfältiger Weise in übergreifend[e] Marktzusammenhänge eingebunden sind, die ihr[e] Existenz in aller Regel entscheidend beeinflusse[n,] daß sie umgekehrt aber auch für die wohlhabende[n] Bevölkerungsschichten und für die entwickelte[n] Wirtschaftssektoren durchaus wichtige Rollen spie[-] len können. Dabei hat es sich gezeigt, daß bei de[n]

„Apathie" der Armen

Eine dritte gängige Vorstellung ist die der Apathie der Armen, eine Vorstellung, die oft mit Arbeitsunwilligkeit der Betroffenen gleichgesetzt wird. Dabei müßte eigentlich klar sein, daß in armen Ländern, die keine Sozialversicherung kennen, ein Überleben armer Bevölkerungsschichten ohne wie auch immer gestaltete Arbeit gar nicht möglich sein kann. Das besondere Kennzeichen der Armen, so neuere Untersuchungen zur sogenannten ‚Überlebenswirtschaft', ist denn auch gerade ihr Aktivismus und das konstante strategische Handeln der armen Bevölkerungsteile. Die Aktivitäten der Armen zeichnen sich vor allem dadurch aus, daß sie zahlreiche unterschiedliche Erwerbsformen (etwa in Landwirtschaft,

Arbeitslose in Erzurum, Türkei 5 ▲

Die „Armen" stehen ihrer Situation passiv gegenüber (Apathie)

Die „Armen" handeln unvernünftig (Irrationalität)

Handel und Lohnarbeit) kombinieren und daß sie dabei außerordentliche Strapazen auf sich nehmen und ein hohes Maß an Anpassungsbereitschaft zeigen. Untätigkeit, die Außenstehende beobachten, ist entweder ein Privileg reicherer Bevölkerungsteile oder Ausdruck absoluten — oft periodischen — Beschäftigungsmangels, der Phasen kombinierter Erwerbstätigkeit erzwungenermaßen unterbricht." (42)

▲ 6   7 ▼

„Irrationalität" der Armen

„Eine vierte Vorstellung handelt von unvernünftigen, ja geradezu widersinnig anmutenden Verhaltensweisen der Armutsbevölkerung in der Dritten Welt. Dabei handelt es sich vor allem darum, daß sinnvoll erscheinende Neuerungen, etwa in den Bereichen landwirtschaftlicher Modernisierung, aber auch bei der Familienplanung, von der armen Bevölkerung abgelehnt werden.
Langzeituntersuchungen haben allerdings gezeigt, daß diese Ablehnungen in aller Regel für die Betroffenen durchaus rational sind, sobald man statt der westlichen Vorstellung von ‚Rationalität' im Sinne von Einkommensmaximierung eine an der Risikominderung orientierte ‚Überlebensrationalität' zum Maßstab nimmt: Durchaus lukrativ erscheinender Anbau von Marktfrüchten wurde z. B. deshalb abgelehnt, weil der Ertrag im Falle von Mißernten unter das Existenzminimum kleinbäuerlicher Familien sinken kann; Familienplanung, obwohl volkswirtschaftlich sicherlich sinnvoll, kann wegen der erwünschten Arbeitskraft des Kindes für arme Familien durchaus ein wichtiges Element bei der ‚Suche nach Sicherheit' darstellen." (43)

wechselseitigen Verflechtung bäuerlicher Subsistenzproduktion auf der einen Seite und übergreifender marktwirtschaftlicher Produktion auf der anderen Seite in den meisten Fällen systematisch Güter und Leistungen aus dem für den Eigenbedarf produzierenden kleinbäuerlichen Sektor abgezogen werden. Dadurch wird einerseits die Überlebenssicherheit der kleinbäuerlichen Existenz langfristig beschädigt, andererseits aber die Versorgung des städtisch-industriellen Sektors mit billigen Agrarprodukten gesichert und Großhandel wie (internationales) Agribusiness begünstigt." (41)

Talsperre statt Pumpe

Erfahrungen eines Entwicklungshelfers in den 70er Jahren:

„Meinen ersten Heimaturlaub als Entwicklungshelfer in Afrika nutzte ich unter anderem dazu, im Bundesministerium für wirtschaftliche Zusammenarbeit bei dem für meinen Einsatzort zuständigen Sachbearbeiter um die Finanzierung einer 4 PS starken Wasserpumpe zu bitten. Wir brauchten sie für die Bewässerung einer kleinen Obstplantage, die wir in unserem Dorf anlegen wollten.

Der Sachbearbeiter lächelte mitleidig. ‚Wie stellen Sie sich das vor?', sagte er. ‚Wie soll ich eine Pumpe beantragen? Wenn Sie zehn haben wollen, können wir im Rahmen des landwirtschaftlichen Entwicklungsprogramms sicher etwas machen. Ich frage mal meinen Chef.'

Auch der Vorgesetzte, ein Oberregierungsrat, riet mir ab. ‚Entwerfen Sie einen Bewässerungsplan für den ganzen Distrikt', empfahl er. ‚Geben Sie uns einen groben Kostenvoranschlag für Kanäle, Zufahrtswege, Dieselpumpen und Staubecken. Danach werden wir weitersehen.'

Nach wenigen Tagen sprach ich wieder vor. ‚Na, das sieht ja schon ganz anders aus', meinte der Beamte. ‚Warten Sie, ich geh' gleich mal zu meinem Chef.'

▲ 1

Entwicklungshilfe im Widerstreit der Meinungen

Über Ziele und Methoden der staatlichen Entwicklungspolitik und -hilfe ist in jüngster Zeit eine heftige Kontroverse entbrannt. Nach einer Studie des BMZ von 1986 konnten z. B. von 262 untersuchten Entwicklungshilfeprojekten nur 30 als „uneingeschränkt positiv" bewertet werden. In dem Bericht wird eingeräumt, daß die Rahmenbedingungen für deutsche Entwicklungshilfe in vielen Fällen falsch eingeschätzt worden sind. Beklagt wird insbesondere der Mangel an Bedarfsprüfungen sowie die ungenügende Berücksichtigung der so-

▼ 2

Brigitte Erler: Tödliche Hilfe – Bericht von meiner letzten Dienstreise in Sachen Entwicklungshilfe

„Mein Entschluß, der Entwicklungshilfe den Rücken zu kehren, war das Ergebnis jahrelanger Erfahrungen in der Entwicklungspolitik und zahlreicher Diskussionen innerhalb und außerhalb des BMZ. Den Anlaß bildeten die Erlebnisse auf meiner letzten Dienstreise nach Bangladesch. Dort wurde mir die einzige noch verbliebene Illusion geraubt, daß wenigstens ‚meine' Projekte zur Beseitigung von Elend und Hunger beitrügen. Ich erfuhr im Gegenteil, wie jede einzelne Komponente der unter meiner Verantwortung durchgeführten Projekte die Reichen reicher und die Armen ärmer machte. In Bangladesch bedeutet das in vielen Fällen den Unterschied zwischen Leben und Tod. Ich konnte die Einsicht nicht mehr verdrängen: Entwicklungshilfe schadet allen, denen sie angeblich nützen soll. Sie muß deshalb sofort beendet werden. Ohne Entwicklungshilfe ginge es den Menschen in den Ländern der Dritten Welt besser." (44)

„Die Entwicklungsstrategien sind doch andauernd gescheitert. In den sechziger Jahren haben wir die Industrialisierung propagiert: Wie das Beispiel Brasilien zeigt, hat sie der breiten Bevölkerung mehr Armut gebracht. Dann haben wir uns die nächste Ideologie ausgedacht, die Grundbedürfnisstrategie. Auch dieses Konzept ist gescheitert, obwohl es uns zunächst allen eingeleuchtet hatte. Ja, und nun kommen wir mit dem nächsten. Jetzt sind wir alle ein bißchen grün und setzen auf diese Richtung. Dabei schaffen wir es nicht, Tempo 100 in der Bundesrepublik gegen alle Partikularinteressen durchzusetzen. Aber wir erdreisten uns zu propagieren, daß wir die Sahelzone ergrünen lassen und den Himalaja aufforsten könnten, als ob es dort keine Menschen und nationale wie internationale Interessengruppen gäbe." (45)

3 ▼

Der frühere Bundesminister für wirtschaftliche Zusammenarbeit Dr. Jürgen Warnke zur Kritik von Brigitte Erler

Der Hilfe-Pessimismus franst an seinen Rändern aus in Resignation oder Agression gegenüber der Dritten Welt. Eine ehemalige Mitarbeiterin meines Hauses ist in diesem Jahr mit einer Veröffentlichung hervorgetreten, die die Dinge in der Tat auf die Spitze treibt. Sie behauptet nämlich, alle Entwicklungshilfe sei tödlich. Ein schwerer Vorwurf, nicht nur gegenüber ehemaligen Kollegen, sondern auch gegenüber Kirchen, Tausenden von Entwicklungshelfern, freiwilligen Diensten, Nicht-Regierungsorganisationen, eigentlich gegenüber all denjenigen, die sich am Tag für Afrika engagiert haben.

Die Autorin hat zu ihrer Beweisführung ausschließlich Projekte eines einzigen Landes gewählt, das sie nach sechsmonatigem-Akten-

Der Chef, ein Ministerialrat, war interessiert. Aber er bemängelte, daß die Gesamtkonzeption der Infrastruktur für den Distrikt fehlte. Er beauftragte das dafür zuständige Referat, mir bei der erforderlichen Planung behilflich zu sein. Da nun die Kosten die Millionengrenze überschritten, ging der ganze Vorgang zum Abteilungsleiter, einem Ministerialdirigenten. ‚Interessant, junger Mann, sehr interessant', sagte er zu mir. ‚Aber meinen Sie nicht auch, daß dies wieder mal nur ein Tropfen auf den heißen Stein ist? Überlegen Sie doch mal, ob die Infrastruktur nicht einen neuen Schwerpunkt geben könnte. Mir werden die Verkehrsbedingungen in Ihrem Plan zu wenig berücksichtigt. Meine Abteilung wird Ihnen mit Rat und Tat zur Seite stehen. Nach mehreren Arbeitsessen, Konferenzen und Besprechungen wurden die Pläne dem Staatssekretär vorgelegt und von ihm mit einigen Ergänzungen an den Minister weitergereicht. Eine Delegation wurde zusammengestellt. Sie reiste drei Wochen kreuz und quer durch den Distrikt, in dem ich arbeitete.

Kurz vor ihrem Abflug besuchte mich der Delegationsleiter in meinem Dorf, in das ich mittlerweile zurückgekehrt war. Er schüttelte mir die Hand: ‚Der Plan ist genehmigt. Mit dem Bau der Talsperre wird bald begonnen. Übrigens läuft die Staumauer genau durch dieses Dorf. Ihr Wunsch nach der Wasserpumpe erübrigt sich ja dann wohl!'" (46)

zio-kulturellen Verhältnisse in den einzelnen Ländern. Ist die staatliche Entwicklungshilfe daher als ineffektiv zu bezeichnen? Die Auseinandersetzungen über diese Frage haben an Schärfe zugenommen und zu einer Polarisierung der Meinungen geführt.

[1] Welches sind die Hauptargumente Pro und Contra staatlicher Entwicklungshilfe?

[2] Diskutieren Sie entwicklungspolitische Schlußfolgerungen.

4 ▼

studium und nach dreiwöchigem Aufenthalt bei einer einzigen Dienstreise kennengelernt hat. Ich habe die Projektdarstellungen sofort fachlich prüfen lassen. Die Wirklichkeit der Entwicklungshilfe ist in den meisten Fällen in dieser Darstellung nicht mehr erkennbar. Aber das ist für mein Empfinden gar nicht der springende Punkt. Daß es Schwachstellen in der Entwicklungshilfe gibt, wer wollte das leugnen, wer wollte das bestreiten. Daß natürlich in der Entwicklungshilfe Vergeudung stattfindet, daß Entwicklungshilfe – ich denke an falsch eingesetzte Nahrungsmittelhilfe – kontraproduktiv wirken kann, das ist selbstverständlich, das wissen wir alle. Vor den Schwachstellen zu kapitulieren, zu resignieren, das halte ich allerdings für eine völlig verfehlte Reaktion. Politik der Bundesregierung ist jedenfalls nicht die Resignation vor der Herausforderung, sondern ihre Beantwortung und ihre Bewältigung." (47)

Hilfe nicht verweigern!

„Wenn Staaten der Dritten Welt einen selbstbestimmten demokratischen, sozial gerechteren Entwicklungsweg gehen wollen und händeringend um Hilfe rufen, dann dürfen wir nicht einfach weghören.

Wenn Sahel-Länder Unterstützung von außen wünschen, um den Vormarsch der Sahara zu stoppen, dann kann man nicht von vornherein abwinken.

Wenn es um die Solidarität mit Hungernden und Unterdrückten geht, dann können wir keine Verweigerungshaltung einnehmen.

Der Schlußfolgerung, ohne Entwicklungshilfe ginge es den Menschen in allen Ländern der Dritten Welt besser, kann nur zustimmen, wer pauschal alle Länder und alle Regime über einen Leisten schlägt. Die entwicklungspolitische Zusammenarbeit kann Eigenanstrengungen abtöten, Armut produzieren, neue Abhängigkeiten begründen, undemokratische und ausbeuterische Cliquen stabilisieren, wie von Brigitte Erler an Einzelbeispielen beschrieben – sie kann aber ebenso Reformprozesse abstützen, Armut, Elend und Massenkrankheiten beseitigen helfen, einen Beitrag zur Stärkung von demokratischen, gerechteren und sozialeren Lebensbedingungen leisten und somit Hilfe zur Selbstentwicklung sein. Die Hauptlast im Kampf gegen Armut, Abhängigkeit und Unterentwicklung muß eh von den Entwicklungsländern beziehungsweise von der einheimischen Bevölkerung selbst getragen werden.

Was bleibt also von der Kritik? Keinesfalls die Schlußfolgerung, die Entwicklungshilfe völlig einzustellen. Keinesfalls das Sicheinlassen auf die Hoffnung, ohne Entwicklungshilfe ginge es den Menschen in allen Ländern der Dritten Welt wirklich besser." (48)

Entstaatlichung der Entwicklungshilfe — eine Alternative?

Die staatlichen Entwicklungshelfer haben weltweit Konkurrenz von kleinen privaten Organisationen bekommen. Immer häufiger wird diskutiert, ob die Entwicklungsarbeit kirchlicher und anderer privater Hilfsorganisationen nicht mehr leisten kann als die staatliche Hilfe mit ihrem umfangreichen Budget. Verglichen mit den 8 Mrd. DM, welche die Bundesregierung im Durchschnitt der vergangenen Jahre als billige Darlehen oder als Geschenk der Dritten Welt zur Verfügung gestellt hat, sind die Mittel der etwa 100 deutschen Hilfswerke und die vielen kleinen Ein-Mann-Hilfsaktionen mit rund 1 Mrd. DM recht gering. Die Bundesregierung muß ihre Hilfe jeweils offiziell mit den Regierungen hilfsbedürftiger Länder abstimmen. Die nichtstaatlichen Organisationen mit ihren Miniprojekten können dagegen direkte Hilfe leisten, sozusagen als „Hilfe von unten". Sie können so die wirklich Armen besser erreichen.

Eine oft geäußerte Forderung lautet daher, den nichtstaatlichen Organisationen ein weiterreichendes Betätigungsfeld und mehr Geld zu überlassen. Aber das würde gerade deren Stärke untergraben (vgl. Abb. 4)!

„Außerdem könnte das viele Geld auch korrumpieren: Der Reiz der Selbsthilfe — die Förderung der Eigeninitiative und die Abkehr vom Almosendenken — würde zerstört. Wie rasch das gehen kann, exerzieren schon heute die amerikanischen Hilfswerke vor, die viel Geld aus Spenden zu vergeben haben. ‚Die klotzen richtig', erzählt Holger Baum von der Welthungerhilfe. Während seine Organisation zum Beispiel in Kenia Dörfern beim Bau von Bewässerungsanlagen mit Rat und einfachen Werkzeugen zur Seite stand, fuhren die Amerikaner ein paar Dörfer weiter gleich mit Raupenschleppern vor. ‚Klar, daß unsere Leute da die Schaufel hinschmissen', grollt Baum. Ähnliche Erfahrungen haben auch andere deutsche Hilfswerke gemacht. Zwar schleppen auch sie immer noch einige teure Großprojekte aus Zeiten mit, in denen die Graswurzelarbeit noch nicht populär war. Doch davon ist man zunehmend abgekommen."
(49)

▲ 5 Warten auf Arbeit, Nordindien

Erfolgreiche Projektarbeit: ein Beispiel aus Indien
„Die Aktion Brot für die Welt (Spendenaufkommen 1985: 140 Millionen Mark) arbeitet zum Beispiel in Indien mit Cross, einer Bewegung, die sich der ‚Harijans' angenommen hat, der ‚Kinder Gottes', wie Mahatma Gandhi die kastenlose indische Unterschicht nannte. Die meisten von ihnen sind Tagelöhner. Sie können weder lesen noch schreiben. Wenn Harijan-Kinder heiraten, borgen sie sich traditionell bei den Grundbesitzern Geld, doch nur allzuoft unterzeichnen sie dabei unwissentlich per Daumendruck Verträge, die sie als Gegenleistung ein Leben lang in sklavenähnliche Landarbeiterverhältnisse zwingen. Cross finanziert nun mit einem einmaligen

▼ 7 Soziale Unterschiede in einem indischen Dorf

6 ▼

schuß von 3 500 Mark in den Dörfern Entwick-
ngszentren. Sie leisten für ihre Mitglieder Rechts-
fe, kämpfen für die Bezahlung der Mindestlöhne,
ufen im Notfall die Harijans aus illegalen Verträ-
n frei und geben ihnen später Darlehen für den
fbau einer neuen Existenz. Wer Mitglied werden
ll, muß lesen und schreiben lernen. Die Einrich-
ng findet großen Anklang: Rund um Haiderabad
d nach zehn Jahren bereits sechshundert Dörfer
t mehr als einer Million Menschen in solchen
ntren organisiert. Der deutschen Kirche fällt es
cht, die Massenbewegung zu unterstützen. Für ei-
 Regierung wäre das eher anrüchig." (50)

Arbeit an den Graswurzeln: Das Motto nichtstaatlicher Entwicklungshilfe

Die Entwicklungsarbeit der kirchlichen und anderer nichtstaatlicher Hilfsorganisationen hat viele Vorteile:

● „Die Gruppen planen, anders als die meisten Beamten in den Regierungsbüros, ihre Projekte gemeinsam mit den Armen, abgestimmt auf ihre lokalen Bedürfnisse und Möglichkeiten. Die Vorhaben werden deshalb von der Bevölkerung akzeptiert; das ist die wichtigste Voraussetzung für wirksame Hilfe.

● Sie unterstützen, oft gegen Regierungsinteressen, Eigeninitiativen der Armen, sie stärken ihr Selbstbewußtsein und ihre gesellschaftliche Macht — eine Hauptbedingung dafür, daß die Entwicklung nicht mit Projektende zum Stillstand kommt.

● Ihre Vorhaben sind meist klein, überschaubar und effizient: 100 000 Mark und weniger im Jahr sind der übliche Zuschuß für das Gros ihrer Projekte; eine staatliche Maßnahme verschlingt durchschnittlich eine Million Mark.

● Sie sind unbürokratisch. Misereor oder Brot für die Welt zum Beispiel entscheiden über jeden Projektantrag schon nach wenigen Monaten, wenn nicht noch schneller. Bonn hingegen kann nichts ohne Regierungsverhandlungen und reichlich diplomatische Korrespondenz auf den Weg bringen; das dauert im Normalfall mindestens drei Jahre.

‚Menschen können nicht entwickelt werden, sie können sich nur selbst entwickeln', sagte einmal der frühere tansanische Staatspräsident Julius Nyerere. Er formulierte damit das Prinzip der Selbsthilfegruppen: Sie sind die Favoriten der deutschen Hilfswerke, um die sie inzwischen manch Bonner Entwicklungsbeamte beneidet." (51)

8 ▲
9 ▼

Resümee: Staatliche und nichtstaatliche Entwicklungshilfe — notwendige Ergänzung

„Rückenstärkung für die Armen erhoffen sich die Hilfswerke auch von der Bundesregierung. Sie verstehen — im Gegensatz zu manchen Politikern — die staatliche Entwicklungshilfe als unerläßliche Ergänzung für ihre eigenen Projekte. Ihre Arbeit hilft den Armen direkt, wenn auch nur punktuell; die staatliche Hilfe aber setzt den gesellschaftlichen Rahmen. Denn: Ohne staatliche Infrastruktur, ohne Straßen, Wasserversorgung und Kanalisation, ohne überregionale Gesundheitsdienste, Ausbildungsprogramme und Genossenschaftswesen — kurzum, ohne eine Weiterentwicklung der Staatsdienste — ist auch mit Graswurzelarbeit kein Fortschritt in der Dritten Welt zu erzielen." (52)

Möglichkeiten und Grenzen der Entwicklung – Entwicklungsprojekte auf dem Prüfstand

Familienplanung in Bangladesch

Moderne Medizin und verbesserte Hygiene haben die Sterberate gesenkt und die Lebenserwartung erhöht, doch hat dies in der Dritten Welt kaum Auswirkungen auf die Geburtenziffern. Bangladesch bildet ein besonders anschauliches Beispiel. In Muktapur sind mehr als die Hälfte der 2 000 Einwohner des Dorfes jünger als 15 Jahre. Die wenigsten Kinder besuchen regelmäßig eine Schule – wie im Landesdurchschnitt. Ihre Eltern sind zu arm, um den Schulbesuch bezahlen zu können. Bereits die Kosten für Schulhefte und Bleistifte übersteigen ihre finanziellen Möglichkeiten. Die meisten Männer des Dorfes sind Tagelöhner, arbeiten in einer der nahe gelegenen Reismühlen, als Rikschafahrer oder als Bootsmann auf dem breiten Dhareswari-Fluß.

In Muktapur soll wie in vielen anderen Dörfern des Landes der Kreislauf durchbrochen werden. Der einzig gangbare Weg nach Meinung der meisten Experten: ein **integrierter bevölkerungspolitischer Ansatz**. Das heißt, daß Familienplanung durch soziale Maßnahmen und wirtschaftliche Rahmenbedingungen abgestützt werden muß. Solange die Kindersterblichkeit so hoch ist, legen sich Väter und Mütter nach alter Tradition einige Kinder sozusagen als „Vorrat" an, von denen sie im Alter Hilfe erwarten können.

Unter Mitarbeit der Deutschen Gesellschaft für Technische Zusammenarbeit (GTZ), die im Auftrag der deutschen Bundesregierung tätig ist, wird im Rahmen des Nationalen Bevölkerungsprogramms in der Munshiganj-Region, zu der Muktapur gehört, ein solcher integrierter bevölkerungspolitischer Ansatz verfolgt.

Ziel ist die Senkung der Geburtenrate. Es soll mit einer verbesserten Gesundheitsfür-

▼1

Bangladesch aktuell

Fläche km²	144 000
Einwohner	98,7 Mio. (1985)
Bevölkerungsdichte	685 E./km² (1985)
Jährliches Bevölkerungswachstum	2,4 % (1973–1982)
Geburtenrate	47 Geborene je 1 000 E. (1982)
Sterberate	17 Gestorbene je 1 000 E. (1982)
Lebenserwartung	54 Jahre (1982)
Analphabeten	74 % (1980)
Religionen	82,5 % Moslems, 15,5 % Hindus, Buddhisten, Christen
Erwerbstätige in der Landwirtschaft	54 % (1981)
Energieverbrauch je Einw.	49 kg SKE (1980)
Wichtige Ausfuhrgüter	Jute und Juteerzeugnisse 60–80 %, Häute, Felle, Fische, Tee
Außenhandel	Einfuhr (1984) 5 820 Mio. DM Ausfuhr (1984) 2 660 Mio. DM
Bruttosozialprodukt je Einw.	130 US-$ (1983)

2▼

Reiches Land — arme Menschen

„● Bangladesch verfügt im Deltagebiet von Ga[n]ges, Meghna und Brahmaputra über die fruchtba[r]sten Böden der Erde.
● Das feuchtheiße, subtropisch-tropische Mo[n]sunklima macht grundsätzlich mehrere Ernten i[m] Jahr möglich.
● Das gesamte Land ist auf natürliche Weise ve[r]kehrsmäßig bis in den hintersten Winkel dur[ch] Wasserwege erschlossen.
● Da gut 90 % der Bangladeschis [...] auf de[m] Lande leben, ist ein wertvolles Wissen um Nat[ur,] Anbau und Landwirtschaft usw. weit verbreitet.
● Bangladesch hat ein immenses ungenutztes P[o]tential an manueller und geistiger Arbeitskraft. [...]
● Erdgas wird zur Zeit schon genutzt, und weite[re] Bodenschätze werden — wenn auch in geringe[m] Umfang — vermutet.
● Das Land könnte ohne Probleme Nahrungsm[it]telexporteur im großen Stil sein und gleichzeit[ig] ausreichende Ernährung für alle seine Menschen - und noch mehr — garantieren." (53)

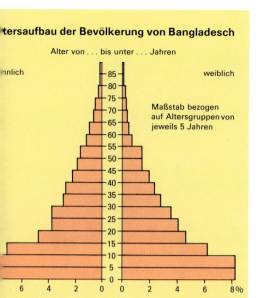

▲ 3 Altersaufbau der Bevölkerung von Bangladesch

Familienberatung auf dem Land 4 ▲

sorge von Müttern und Kindern, mit Hygiene- und Gesundheitserziehung sowie mit einkommensschaffenden Maßnahmen erreicht werden.
Dies alles ist keine Selbstverständlichkeit. Der Wirkungskreis der Frau ist in der islamischen Welt auf den Haushalt beschränkt. Selbst das Einkaufen ist Aufgabe der Männer. Viele der Mullahs, der islamischen Geistlichen, sind selbst Analphabeten. Diese Lehrer der Koranschulen sind besonders konservativ. Sie pflegen die aus dem Buch des Propheten abgeleitete Tradition, daß die Mädchen vor der ersten Monatsblutung verheiratet sein müssen, damit sie nicht das väterliche Haus „beschmutzen". So sind die meisten Mädchen gezwungen, schon mit 14 Jahren eine Ehe einzugehen, obwohl das gesetzliche Heiratsalter inzwischen auf 18 Jahre festgelegt wurde.
Heute propagiert die Regierung den Gedanken der Vereinbarkeit von Islam und Familienplanung durch Zitate aus dem Koran. Der Begriff „Familienplanung" ist bis ins letzte der 65 000 Dörfer gedrungen. Aber die Bereitschaft, empfängnisverhütende Mittel zu verwenden, besteht nur bei etwa 15 % der Haushalte. Die Zahl der Geburtenkontrolle praktizierenden Frauen steigt mit dem Grad ihrer Bildung. Der Schwerpunkt der nationalen Anstrengungen liegt daher in der Aufklärung der Frauen auf dem Lande. Gesundheitserziehung und Familienberatung werden von den sogenannten „field workers" übernommen. Diese Sozialarbeiterinnen gehen von Haus zu Haus. Sie informieren die Mütter über Fragen der Hygiene, Medizin und Ernährung. Denn: Das Vertrauen der einfachen Bevölkerung kann man nur durch praktische Lebenshilfen gewinnen. Erst dann werden auch Ratschläge zur Familienplanung angenommen.
Den „field workers" kommt im Kampf gegen die Bevölkerungsexplosion und Armut eine Schlüsselrolle zu. Wegen des geringen Verdienstes läßt ihre Motivation allerdings oft zu wünschen übrig. In vielen Fällen werden sie auch wie Bettler an der Tür abgewiesen.

1 „Eine erfolgreiche Bevölkerungspolitik hat viele Probleme gleichzeitig in Angriff zu nehmen. Sie muß auf traditionelle, religiöse und wirtschaftliche Besonderheiten Rücksicht nehmen." Erläutern Sie diese Feststellung am Beispiel von Bangladesch. Werten Sie in diesem Zusammenhang auch den Quellentext S. 14 aus.

2 Vergleichen Sie die Bevölkerungs- und Wirtschaftsdaten in Abb. 1 mit den Verhältnissen in der Bundesrepublik Deutschland. Mit Hilfe der Karte S. 8 können Sie sich einen Überblick über die anderen MSAC-Länder verschaffen.

Nepal: Rettung der letzten Bergwälder

In Nepal leben 93 % der Bevölkerung direkt oder indirekt von der Landwirtschaft. Die Siedlungen konzentrieren sich in den Beckenräumen und engen Tälern der zerklüfteten Himalaya-Region. Nur 16 % der Gesamtfläche sind agrarisch nutzbar. Der „Wettlauf zwischen Storch und Pflug" zwingt die Bauern, immer steilere Hänge in Ackerland umzuwandeln. Die Entwaldung schreitet mit Riesenschritten voran. Kulis von Händlern in der Hauptstadt Katmandu sind heute oft bis zu fünf Tagesmärschen unterwegs, um Holz herbeizuschaffen.

Im Jahre 1978 einigten sich die Regierungen von Nepal, der Schweiz und der Bundesrepublik Deutschland über den Standort, die Finanzierung und personelle Besetzung eines großangelegten Projekts: integrierte Sanierung des Wassereinzugsgebietes des Tinau Khola. Es hat zum Ziel, das ökologische und

▲1 Bodenerosion im Himalaya

wirtschaftliche Gleichgewicht der Bergregion wiederherzustellen, und umfaßt die verschiedensten Bereiche wie Ackerbau, Viehzucht und Forstwirtschaft.

Bäume wachsen langsam – so langsam wie die Einsicht über die Zusammenhänge und Gefahren der Umweltzerstörung. Deshalb ist das Projekt auf über 15 und mehr Jahre ausgerichtet. Zunächst gab es nur drei erfolgversprechende Voraussetzungen: ein bereits bestehendes System landwirtschaftlicher Beratung in Nepal, die Absichtserklärung der nepalesischen Regierung, das Projekt in dieses System einzubeziehen und sich finanziell zu beteiligen, sowie das Interesse der Schweizer „Direktion für Entwicklungszusammenarbeit und humanitäre Hilfe". Dies war von großem Wert, weil die Schweiz bereits Erfahrungen bei einem ähnlichen Vorhaben in Nepal gesammelt hatte. Mit der Durchführung des Projekts wurde die „Deutsche Gesellschaft für Technische Zusammenarbeit" (GTZ) und das Schweizer Aufbauwerk für Entwicklungsländer, die „Helvetas", beauftragt.

Praktische Hilfe auf einem steinigen Weg

Zunächst mußten die Ursachen und Auswirkungen der Umweltzerstörung untersucht werden. Es galt die „Feldberater" – Nepalis mit zehnjähriger Schul- und zweijähriger landwirtschaftlicher Ausbildung – zu schulen sowie mit ihnen in die Dörfer zu gehen und mit den Bauern zu reden. Wichtig war, daß jeder Schritt von der Bevölkerung ange-

▼2

Nepal aktuell

Fläche in km²	140 800
Einwohner	16,7 Mio. (1985)
Bevölkerungsdichte	119 E./km² (1985)
Jährliches Bevölkerungswachstum	2,6 % (1970–1982)
Geburtenrate	44 Geborene je 1 000 E. (1981)
Sterberate	20 Gestorbene je 1 000 E. (1981)
Lebenserwartung	45 Jahre (1981)
Analphabeten	81 % (1980)
Religionen	etwa 60 % Hindus, 33 % Buddhisten, 7 % Moslems
Erwerbstätige in der Landwirtschaft	92 % (1981)
Energieverbrauch je Einw.	14 kg SKE (1981)
Wichtige Ausfuhrgüter	Reis, Jute, Ziegenfelle, Garne, Textilwaren
Außenhandel	Einfuhr 342 Mio. US-$ (1982) Ausfuhr 80 Mio. US-$ (1982)
Bruttosozialprodukt je Einw.	170 US-$ (1983)

nommen und getragen wurde. Nur ihre Probleme, ihre Lebens- und Arbeitsweisen, aber auch ihr Bewußtsein über die Zerstörung ihrer Umwelt und ihre Bereitschaft zur Mitverantwortung konnten Ausgangspunkt für alle Pläne sein.

Wie wollte man aber Zugang zu den fast 70 000 Menschen finden, die auf einer Fläche von 550 km² an extrem steilen Berghängen leben? Wie sollte man Informationen von den Kleinbauern erhalten, die allem Fremden mißtrauisch und ablehnend gegenüberstehen? Vorrangig war es, die einflußreichen Männer in den Dörfern aus den oberen Kasten zu überzeugen. Alle führten dieselbe Klage: Frauen und Kinder müßten das Brennholz aus immer größerer Entfernung heranschleppen, Brunnen versiegten, das Weideland werde immer knapper.

▼3

Die 40 Feldberater und die ausländischen Entwicklungshelfer legten Hand an beim Bau von Hängebrücken, bei der Verbesserung der Wasserversorgung und Bewässerungsanlagen, der Anlage von Gehwegen, bei Versuchen zur Steigerung der Ernteerträge sowie natürlich bei der Aufforstung.

Enge Grenzen der Entwicklung

Nach drei Jahren kommt das Expertenteam zu folgender Beurteilung der Möglichkeiten und Grenzen des Projekts:

Die Zerstörung der Umwelt im Wassereinzugsgebiet des Tinau Khola kann nicht rückgängig gemacht werden. Dies gilt allgemein für große Teile Nepals. Dennoch: Die Zahl einsichtiger Bauern steigt, Dorflehrer behandeln das Problem in den Schulen.

Insgesamt steht und fällt die Arbeit mit der Fähigkeit der Feldberater, die Bauern zu überzeugen. Deshalb ist neben einer Schweizer Veterinärin ein deutscher Kommunikationsfachmann neu ins Team gekommen. Er hat die Aufgabe, die Kontakte zwischen der nepalesischen Verwaltung, den Mitarbeitern des Projekts und den Bauern zu verbessern. Kein Problem darf für sich allein angepackt werden. Nur wenn durch besseres Saatgut und geeignete Düngung höhere Erträge erzielt werden, sind die Landwirte bereit, auf Teilen ihres Landes Futterbäume zu pflanzen. Nur wenn sie Bäume pflanzen, werden sie den Wald schonen. Nur dann sind sie auch bereit, ihr Vieh im Stall zu halten. Nur wenn die Frauen leichteren Zugang zu Wasser und Feuerholz haben, bleibt ihnen Zeit und Energie, Gemüse anzubauen. Bessere Ernährung bedeutet mehr Kraft für Gemeinschaftsarbeiten, zum Beispiel das Pflanzen von Bäumen im Dorfwald ... Nur wenn sich die Glieder dieser Kette schließen, kann der Lebensraum überhaupt erhalten werden.

1 *Charakterisieren Sie anhand des Textes und der Karte S. 8 Nepal als Entwicklungsland.*

2 *Das Beispiel Nepal zeigt, daß es mit Verordnungen von Regierungen zum Schutz der Wälder nicht getan ist. Diskutieren Sie das Problem aus der Sicht der betroffenen Bevölkerung.*

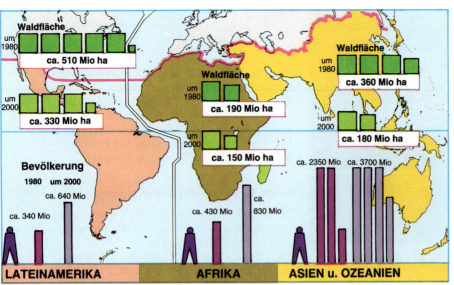

▲1 Rückgang der Tropenwälder

Borneo: Auf den Spuren des „Fortschritts"?

Übernutzung und Zerstörung der natürlichen Ressourcen führen in weiten Teilen der Dritten Welt zu einer unmittelbaren Bedrohung der Lebensgrundlagen. Jährlich gehen in den Tropen und Subtropen, in deren Bereich die meisten Entwicklungsländer liegen, etwa 11 Mio. Hektar Wald verloren, was der eineinhalbfachen Waldfläche der Bundesrepublik Deutschland entspricht. Nach „Global 2000"* sind die Verluste sogar doppelt so hoch. Schon heute zeigen sich die negativen Folgen sowohl in den großen Regenwaldgebieten der Erde als auch in den Savannen und subtropischen Wäldern, insbesondere der Gebirgsregionen: steigende Hochwassergefahr, Verschlammung der Flußbetten, Stauseen und Bewässerungsanlagen, flächenhafte und lineare Bodenerosion; in den Trockenzeiten zunehmender Wassermangel und Absenkung des Grundwasserspiegels. Die Zerstörungsanfälligkeit der Böden und überhaupt ganzer Ökosysteme ist in den Tropen weit größer als in anderen Klimazonen. Radikale Eingriffe in den Naturhaushalt führen hier rasch zur **Desertifikation** und zur Erschöpfung der Grundwasserreserven.

Von den rund zehn Millionen Tier- und Pflanzenarten auf der Erde beherbergen die tropischen Wälder etwa die Hälfte. Bis zum Jahre 2000 dürften durch den fortschreitenden Raubbau bereits ein Fünftel ausgestorben sein. Ein genetisches Reservoir geht damit zur Neige. Die Vielzahl der Arten stellt nämlich eine bislang für unerschöpflich gehaltene Quelle neuer Nahrungsmittel wie Früchte, Urgetreidesorten, Medikamente und Schädlingsvertilger dar. Vier Fünftel der Welternährung stammen von weniger als zwei Dutzend Pflanzen- und Tierarten. Um den heute weitgehend verwendeten Hochertrags-Getreidesorten Resistenz gegen Schädlinge und Krankheitserreger zu verleihen, braucht man laufend wildwachsende Sorten. Wenn nun die wildwachsenden, resistenten Grundgetreidesorten ausfallen, hat dies speziell für die tropischen Entwicklungsländer katastrophale Folgen:

● Entweder gehen die Erträge bei Reis, Hirse, Weizen usw. stark zurück, und der Hunger erfaßt noch größere Teile der Bevölkerung,

● oder man versucht, durch künstliche Düngung und Pflanzenschutzmittel die Ernten noch eine Zeitlang auf ähnlicher Höhe zu halten. Dann kommt es zu einer Überdüngung und Vergiftung der Böden mit unübersehbaren Auswirkungen.

▼3

* Global 2000 (Report to the President of the USA 1980) ist der gründlichste Bericht, der jemals zu Umweltproblemen veröffentlicht worden ist.

Paraguay

Nordosten im Staat Canendyn
5000 ha Wald
mit ca. 220 000 Fm Wertholz
zu verkaufen.

Brandrodung 2 ▲

1 Holzexport — teuer erkaufte Devisen? (Abb. 1—3.)

2 Begründen Sie anhand des Fotos und der Begriffsdefinition im Anhang: „Die Brandrodung (shifting cultivation) war früher ein der Natur angepaßtes Landnutzungssystem, heute ist sie es nicht mehr."

3 Erläutern Sie die Feststellung von Ch. Bosch in seinem Buch „Die sterbenden Wälder": „Eine Verminderung des genetischen Potentials der Erde, wie sie bei der Abholzung großer Teile des Tropenwaldes unvermeidbar ist, bedeutet eine Schwächung des Anpassungsvermögens der Lebewesen und damit der Ökosysteme an ihre Umweltbedingungen und schränkt die Gestaltungsmöglichkeiten von Leben ein."

Auf den Spuren des „Fortschritts" in Borneo

„Holzfäller auf vorgeschobenem Posten, 200 Kilometer von der Ostküste Kalimantans entfernt. Porodisa heißt diese Company mit staatlicher Schlaglizenz; in dem Unternehmen steckt Kapital aus Südkorea. Es ist eines von etwa 400, die in indonesischen Wäldern aktiv sind. Ein Supergeschäft. Zumindest bisher.

Die Deviseneinnahmen aus dem Holzexport haben in den vergangenen Jahren nach den Öl- und Naturgasexporten den zweiten Platz auf der staatlichen Habenseite erreicht. Bis in die 70er Jahre hinein wurde in beispiellosem Raubbau edles Holz geschlagen und unbearbeitet vor allem nach Japan und in die USA verkauft. Seit zwei Jahren fallen die Exportraten drastisch, was zum einen auf die weltweite Rezession und sinkende Nachfrage zurückzuführen ist, und was zum anderen mit der neuen Holzwirtschaft Indonesiens zu tun hat. Weiterverarbeitung im eigenen Lande ist die Devise. Dutzende von Sperrholzfabriken wurden innerhalb weniger Monate aus dem Boden gestampft. Die Porodisa-Fertigung im unzugänglichen Dorf Muara Lembak ist noch nicht angelaufen; entlang dem Mahakam-Fluß bei Samarinda arbeiten die modernen Anlagen anderer Firmen bereits auf Hochtouren. Gegenwärtig befindet sich der Holzsektor in einer Umbruchsphase. Sperrholz wird offiziell als der Verkaufsschlager für den Inlandsmarkt und den Export gepriesen. Keiner kann Folgen und Schäden des intensiven Holzabbaus übersehen. Um einen wertvollen Stamm aus dem Dickicht zu holen, wird die gesamte Umgebung ruiniert. Und daß die behördlichen Auflagen für Wiederaufforstung und Waldpflege weder von den Firmen noch von den staatlichen Stellen ausreichend betrieben würden, wird ernsthaft niemand behaupten können. Genau dies geschieht häufig nicht, weil ein unheilvolles Zusammenwirken von Holzabbau und ‚shifting cultivation' stattfindet. Die kommerziellen Holzfäller ziehen nach einer gewissen Zeit weiter, die von ihren schweren Maschinen angelegten Straßen aber bleiben befahrbar und werden zu offenen Pforten für Siedler, die in bislang kaum oder überhaupt nicht von Menschen bewohnten Regionen des Tropischen Regenwaldes neuen Lebensraum suchen. Doch sind die eigentlichen Wurzeln des Unglücks nicht bei den Armen zu suchen." (54)

4 ▲

▲ 1 „Weiße Wüste" bei Dachla

Aus Fehlern lernen? Zur Evaluation von Bewässerungsprojekten in Nordafrika

Das Entwicklungsprojekt „Neues Tal"

Mit rund 1 Mio. km² ist Ägypten viermal so groß wie die Bundesrepublik Deutschland. Die Bevölkerung von fast 50 Mio. Einwohnern lebt jedoch auf 3,6 % der Landesfläche zusammengedrängt. Um die Niloase zu entlasten, plante die ägyptische Regierung ein ähnlich gigantisches Projekt wie den Hochstaudamm von Assuan.

Unter dem Zauberwort „Neues Tal" sollten im Bereich der Oasen Siwa, Bahariya, Farafra, Dachla und Kharga, die in der östlichen Libyschen Wüste liegen, Zehntausende von Hektar Neuland gewonnen werden. Planziel war es, etwa eine Million Menschen aus dem übervölkerten Niltal hier ansässig zu machen.

Die Bilanz nach 25 Jahren

Die hochgesteckten Ziele ließen sich nicht annähernd erreichen. Da im Umkreis von Siwa, Bahariya und Farafra nicht einmal 300 Hektar für die Landwirtschaft erschlossen werden konnten, wurden diese noch stark traditionell geprägten Oasen aus dem Entwicklungsvorhaben ausgeklammert. In Kharga, besonders aber in Dachla war die Wüstenkultivierung dagegen wesentlich erfolgreicher. So kann Kharga immerhin mit 2 600 ha Neuland aufwarten, was zwei Dritteln der gesamten landwirtschaftlichen Nutzfläche dieser Oase entspricht. Allerdings ist zu berücksichtigen, daß die alten Oasengärten wegen ihres reichen Dattelpalmenbestandes wesentlich höhere Erträge liefern. Es entstanden 14 neue Dörfer. Die etwa 850 Neu-

▼ 4 Vom Wind freigelegte Konkretionen bei El-Kharga

Oase Dachla 2▲

Salzausblühungen in Dachla 3▲

siedlerfamilien waren vor allem Fellachen aus dem Niltal. In Dachla wuchsen die Neulandflächen sogar auf 5 250 ha an. Nutznießer waren hier die ärmeren Bevölkerungsschichten der alten Oasensiedlungen.

Vor allem die Begleitmaßnahmen des Projekts brachten den Bewohnern der Region erhebliche Vorteile:

Seit einigen Jahren verbindet eine Asphaltstraße die ganze Oasenkette mit dem Niltal. Die Wasserversorgung der Städte und Dörfer wurde genauso verbessert wie die medizinische Betreuung und die Versorgung der Bevölkerung mit Konsumgütern. Auch das Fernsehen hat Einzug in die bisher recht abgeschiedene Welt der Oasen gehalten.

Die Kehrseite: Schaduf, ein Hebebaum mit Gegengewicht, und Sakia, ein Göpelwerk, bei dem das Wasser durch eine umlaufende Kette von Wasserkrügen gefördert wird, sind die traditionellen Anlagen zur Wassergewinnung. Zwischen 1960 und 1971 wurden 150 Tiefbrunnen gebaut, die Wasser aus 250–600 m Tiefe fördern. Viele traditionelle Brunnen sind seither versiegt. Der Wasserverbrauch ist um das Dreifache gestiegen. Er kommt einem Raubbau an den fossilen Vorräten gleich. Dabei sah die ägyptische Regierung noch vor wenigen Jahren die Inbetriebnahme von weiteren 5 000 Brunnen vor! Wegen der extrem hohen Verdunstung versalzt jede bewässerte Fläche in kurzer Zeit, sofern nicht eine ständige Durchspülung des Bodens und Ableitung des Wassers gewährleistet sind. Nun aber liegen die neuen Kulturflächen oft an den tiefsten Stellen der Oasendepressionen, wo Ableitungsmöglichkeiten fehlen. So kommt es mitten in der Wüste zur **Versumpfung** und wegen des hohen Grundwasserspiegels zu einer raschen **Versalzung.**

Oase Bahariya 5▼

Bei El-Kharga 6▼

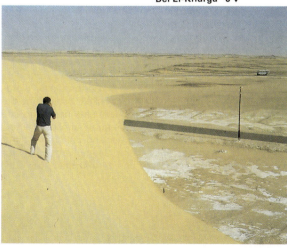

Versäumnisse staatlicher Planung und ausländischer Entwicklungshilfe

„Ich sitze dem Bürgermeister der kleinen Ortschaft Baris in der ägyptischen Kharga-Oase gegenüber. Wir unterhalten uns über die Landwirtschaft der Region und darüber, in welchem Ausmaß in den letzten Jahren die althergebrachte Landwirtschaft zurückgegangen ist. Seine Leute wanderten ab, berichtet der gelernte Agraringenieur. Die staatlichen Rahmenbedingungen erlaubten keine produktive Landwirtschaft, der Bauer erhalte kaum etwas für sein Getreide. Der Ort ist viel zu weit von den Märkten im Niltal entfernt, und Käufer in der näheren Umgebung gibt es kaum. Das einzige Erzeugnis der Oasenlandwirtschaft, die seit Tausenden von Jahren hier produzierte Dattel, sei jetzt auch unter staatliche Preiskontrolle gestellt. Der früher sehr einträgliche Verkauf dort, wo es am meisten Geld gab, sei eingeschränkt. Staatliche Aufkäufer zahlten nur noch den halben Preis, so daß den Bauern die Lust an der Dattelproduktion vergangen sei."

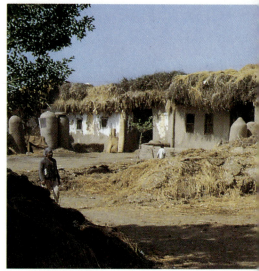

▲7 Im Wadi Natrun

Wenn die Betroffenen „sprachlos" bleiben

„In der abgelegenen Oase Farafra leben 1 500 Menschen vom Ertrag ihrer Dattelpalmen sowie einer mäßigen Getreide- und Gemüseerzeugung. Deutsche Entwicklungshilfe lieferte mehrere Großgeräte für den Ackerbau in diese Gegend, die beispielhaft für Millionen von Menschen ist, die in einer ähnlichen ökologischen Situation leben. Nur läßt sich hier wegen der schwierigen Bewässerungsverhältnisse Landbau heute wie vor 5 000 Jahren fast nur mit der Hacke betreiben. Hätte man sich vorher erkundigt und mit den Bauern gesprochen, so wären weder zwei Traktoren noch eine Egge hierher transportiert worden. Vielmehr wären andere Wege gesucht worden, wie man vielleicht die Erträge der Palmen steigern könnte, welche besseren Bewässerungsmethoden anwendbar wären oder ob nicht eventuell technisches Kleingerät den Bauern entgegengekommen wäre. Erfolg auf kleiner Ebene, hier lediglich für 1 500 Menschen, wäre ein Wegweiser für viele andere Oasen in einem ähnlichen ökologischen Umfeld gewesen.

Ein weiteres Beispiel aus Ägypten: die Tahrir-Provinz. Mit Hunderten von Millionen Dollar wurde hier die Landwirtschaft entwickelt. In der Zone des Wadi Natrun zwischen Alexandria und Kairo verlief die Kolonisation schon früher ähnlich wie heute im ‚Neuen Tal': Stundenlang fahren wir durch verwahrloste Felder und Baumpflanzungen aus den 60er Jahren. Ab und zu trifft man aber auch auf einen Musterbetrieb. In diesen Fällen kauften kapitalkräftige Städter Land auf und machten daraus florierende Farmen. Die übrige Bevölkerung kann auf ihren Flächen kaum ihr Einkommen erwirtschaften. Hätte man sich in den ehemaligen Dörfern der Neusiedler mit der Masse der Kleinbauern beschäftigt, so wäre aus den (nicht nur deutschen) Vorhaben nicht die Hilfe für die wenigen herausgekommen. Eine gute Genossenschaft, in der Kleinbauern direkte Unterstützung erhalten, sowie gründlich vorbereitete Entwicklungsmaßnahmen hätten vielmehr durch ihr Beispiel in anderen Dörfern Nachahmung gefunden.

Typisches Argument gegen eine sorgfältige Vorbereitung eines Projekts ist leider immer die Kostenfrage. Voruntersuchungen, die sich sinnvollerweise über mehrere Monate erstrecken müssen, werden den Verwaltungsausgaben zugewiesen, und diese sind in der Öffentlichkeit besonders verpönt."

Aus Fehlern lernen?

„Dreierlei Dinge müssen im Projektablauf verändert werden:

Tiefbrunnen in Farafra 8▼

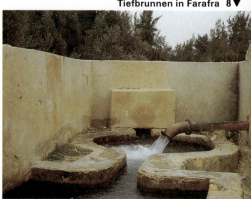

Erstens muß ein Fachmann, der mit den Bauern in deren Sprache und in Kenntnis ihrer Lebensumstände sprechen kann, das herausfinden, was sie wirklich wollen. In der ägyptischen Oase Farafra also keine Traktoren, sondern verbesserte Kleingeräte und vor allem Hilfestellung beim Verkauf ihres Produktes 550 km von den Märkten im Niltal entfernt.

Zweitens darf bei der Abwicklung von Maßnahmen nicht allein das technische Ziel vor Augen stehen. Die Betroffenen müssen ständig beteiligt sein, müssen gegebenenfalls eigene Ideen vortragen können, auch wenn das den Ablauf „stört". Schließlich geht es um ihre Interessen und nicht darum, Geld wie geplant zu verbrauchen. Diese Projektbegleitung erfordert aber auch den Fachmann, der vermitteln kann und keinen Dolmetscher benötigt. Kommen wir noch einmal auf unser einleitendes Beispiel zurück: Die ausländischen Experten für Entwicklungshilfe haben in diesem Fall nicht einmal den Bürgermeister der Oase Kharga informiert, welche Bewässerungsprojekte in seinem eigenen Amtsbezirk geplant waren!

Drittens schließlich muß die Erfolgskontrolle dort ansetzen, wo nach Verbesserungen für die Bauern gefragt wird. Können sie ihre Datteln jetzt besser vermarkten? Können sie ihren Lebensstandard durch ein verbessertes Einkommen erhöhen? Bekennen sie sich überhaupt zu den Neuerungen? Erst wenn die Erfolgskontrolle die Menschen und nicht die Technik zum Gegenstand hat, wird das Projekt vielleicht ein Maßstab für ähnliche Vorhaben für die Millionen Armen im gleichen Land und an anderen Orten auf der Welt.

Noch eine wichtige Aufgabe gibt es für Ethnologen in der Bundesrepublik: die Beschreibung der Normalität und Hilfe zum Abbau von Vorurteilen. Wer denkt denn bei uns angesichts ständiger Katastrophenmeldungen, daß die meisten Menschen in den scheinbar armen Ländern ‚normal' leben und arbeiten und keineswegs glauben, elend und abhängig zu sein? Der Bauer in dem kleinen afrikanischen Land Ruanda, der aus seinem Boden Essen im Überfluß erzeugt, lebt inmitten seiner Familie sicher glücklicher als der gehetzte Großstädter in den reichen Ländern oder den Ballungszentren der Dritten Welt, die als entwickelt gelten. Allerdings darf der Ethnologe nicht verschweigen, daß wir verpflichtet sind, dort massiv und ohne politische Hintergedanken zu helfen, wo die Menschen erst durch unser oder das Zutun unserer Vorväter in Schwierigkeiten geraten sind."
(55)

1 *Informieren Sie sich über die Lage des Projektgebietes „Neues Tal" (Atlas).*

2 *Charakterisieren Sie anhand der Fotos und Texte den Naturraum sowie den traditionellen Lebensraum der Bevölkerung. Angaben über die klimatischen Verhältnisse finden Sie im Anhang.*

3 *Belegen Sie mit Hilfe der Fotos und Texte die ökologischen Veränderungen im „Neuen Tal".*

4 *Diskutieren Sie die Forderungen, die der Fachmann für Entwicklungsländerfragen, Frank Bliss, im Abschnitt „Aus Fehlern lernen?" als grundsätzliche Ziele der Entwicklungspolitik aufstellt.*

5 *Begründen Sie am Beispiel des Projekts „Neues Tal" folgende Aussage: „Die Produktionsbedingungen sind gegenüber traditionellen Methoden nur in dem Umfang veränderbar, wie dies die volkswirtschaftlichen, infrastrukturellen und sozialen Rahmenbedingungen zulassen."*

▼ 9   Oase Farafra

Marokko: Stauseen und Bewässerungsgebiete

Stauseen:
- ● vorhanden
- ○ in Bau/geplant

Fassungsvermögen der Stauseen (in Mio m³):
● unter 200 ● 200–500 ● 500–1000 ● über 1000

▒ bestehende Bewässerungsgebiete
≡ geplante Bewässerungsgebiete

Sousse Bewässerungsgebiet
895 Mittlerer Jahresniederschlag in mm

Höhengliederung:
0 – 500 – 1000 – 2000 m

0 – 100 – 200 – 300 – 400 – 500 km

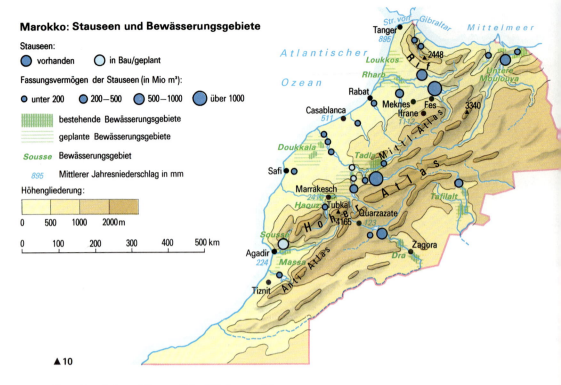

▲ 10

Das Projekt „Massa" in Südmarokko

Die Bewässerungsflächen der Erde haben sich seit 1950 mehr als verdoppelt. Sie nehmen heute 15 % der landwirtschaftlichen Nutzfläche (ohne Dauergrünland) ein. Besonders in den Trockengebieten mit ihrer stark wachsenden Bevölkerung ist eine Steigerung der Agrarproduktion eine vordringliche Aufgabe. Was liegt also näher als die Ausdehnung der Bewässerungsgebiete? Für kaum ein anderes Projekt in der Dritten Welt ist ein so gründlicher Soll-Ist-Vergleich durchgeführt worden wie für Massa im Süden Marokkos.

Massa wurde als weiteres Beispiel gewählt, weil es sich vom Großprojekt „Neues Tal" hinsichtlich Planungszielen, Trägerschaft und wirtschaftlicher Orientierung am Weltmarkt unterscheidet. Zusammen mit diesem und Kufra in Libyen handelt es sich um das aufwendigste Bewässerungsvorhaben in Nordafrika.

Lage und physisch-geographische Voraussetzungen

In der Steppenzone zwischen Hohem Atlas und Anti-Atlas gelegen; vom Oued Massa durchflossen: durchschnittliche Wasserführung etwa 3 m³/Sek., jedoch innerhalb des Jahres und von Jahr zu Jahr stark schwankend. Durchschnittlicher Jahresniederschlag 200–250 mm, nur spärlicher und unsicherer Regenfeldbau möglich; ausgeglichener Jahresgang der Temperatur.

Planungsphase

Erste Studie 1950: Planung des Staudammes Oued Massa und einer bewässerten Fläche von 6 500 ha.

Ende der 60er Jahre: Die holländische Consultingfirma Grontmij fertigt eine weitere Vorstudie, vorgesehene Bewässerungsfläche 18 000 ha. Dieser Plan wird nicht weiter verfolgt. 1971 erhält die halbstaatliche französische Agrarentwicklungsgesellschaft Compagnie du Bas-Rhône den offiziellen Auftrag zur Projektgestaltung. Zum erstenmal soll in Marokko die moderne und teure Beregnungstechnologie zum Einsatz kommen. Weitere Auflagen an die Gesellschaft: Erstellung von Plänen zur Schulung der Landwirte, agrotechnische Versuche für die Pflanzenauswahl, Entwicklung der Bewässerungsinfrastruktur, Erarbeitung einer Absatzmarktstudie. Die hohen Kosten des Projekts von 240 Mio. DM (Anteil der Bundesrepublik

▲ 11 Rand des Antiatlas

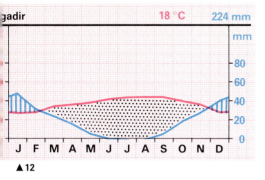

▲ 12

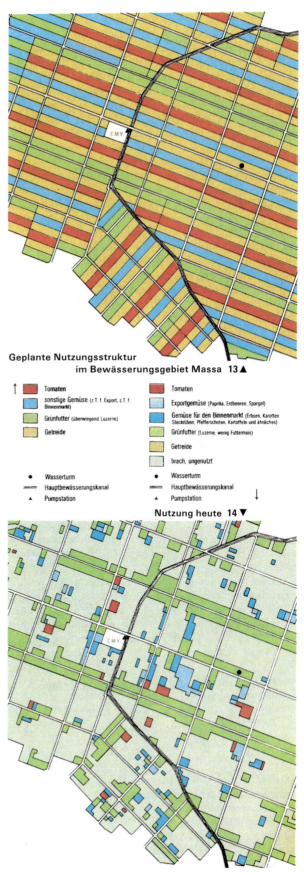

Geplante Nutzungsstruktur
im Bewässerungsgebiet Massa 13 ▲

- Tomaten
- sonstige Gemüse (z.T. f. Export, z.T. f. Binnenmarkt)
- Grünfutter (überwiegend Luzerne)
- Getreide

- Tomaten
- Exportgemüse (Paprika, Erdbeeren, Spargel)
- Gemüse für den Binnenmarkt (Erbsen, Karotten, Steckrüben, Pfefferschoten, Kartoffeln und ähnliches)
- Grünfutter (Luzerne, wenig Futtermais)
- Getreide
- brach, ungenutzt

• Wasserturm
═ Hauptbewässerungskanal
▲ Pumpstation

Nutzung heute 14 ▼

Deutschland 90 Mio. DM) sollen sich vor allem durch drei Maßnahmen amortisieren:
1. Die modernste Bewässerungstechnologie in Form von Sprinkler-Anlagen.
2. Die Ausrichtung auf exportorientierte Sonderkulturen.
3. Die Verlagerung der Erntespitzen in die Monate Dezember bis Mai. So erhofft man eine rege Marktnachfrage in den EG-Ländern und in Skandinavien.

Phase der Realisierung
Seit 1976 ist das Projekt abgeschlossen. Die Verteilung des Wassers vom Staudamm Youssef Ben Tachfine am Oued Massa über einen großen Bewässerungskanal funktioniert anfangs einwandfrei. Agrarberatungsstellen und Genossenschaften beginnen mit der Unterweisung der Bauern im Bewässerungsfeldbau, beim Einsatz von Dünge- und Schädlingsbekämpfungsmitteln. Die meisten der mehrere tausend alten und neuen Landbesitzer hatten bisher keine Erfahrung mit Bewässerungskulturen wie Tomaten, Spargel, Paprika oder Erdbeeren. Im Exporthafen von Agadir werden Kühlhäuser gebaut. Ziel ist die Ausfuhr von 100 000 t Gemüse im Jahr. (56)

Marokko aktuell

Fläche km²	446 550
Einwohner	22,8 Mio. (1984)
Bevölkerungsdichte	51 E./km² (1984)
Jährliches Bevölkerungswachstum	2,6 % (1973—1983)
Geburtenrate	41 Geborene je 1 000 E. (1985)
Sterberate	12 Gestorbene je 1 000 E. (1985)
Lebenserwartung	52 Jahre (1983)
Analphabeten	72 % (1980)
Religionen	85 % der Stadt- und 99 % der Landbevölkerung sind Moslems, 150 000 Christen, 20 000 Juden

Erwerbstätige in der Landwirtschaft	49 % (1984)
Energieverbrauch je Einw.	291 kg SKE (1982)
Wichtige Ausfuhrgüter	Rohstoffe (weitgehend Kalziumphosphate) 35 %, Nahrungsmittel (Zitrusfrüchte, Gemüse, Fische) 24 %, chemische Erzeugnisse (Phosphorsäure) 17 %
Außenhandel	Einfuhr 11 004 Mio. DM (1984) Ausfuhr 5 970 Mio. DM (1984)
Bruttosozialprodukt je Einw.	750 US-$ (1983)

▲ 15

Ursachen für das bisherige Scheitern des Projektes

● Häufige Stürme führen rasch zur Versandung der Kulturflächen, Windschutzanlagen sind in der Planung vorgesehen. Statt 30 dz Weizen je Hektar werden in vielen Jahren auf großen Flächen nur 2—4 dz geerntet. Allein 1976/77 ist die Wasserversorgung infolge Versandung des Hauptbewässerungskanals monatelang außer Betrieb. Der Verlust je Hektar Tomatenanbaufläche beläuft sich auf etwa 4 000 DM.
● Die kurzfristig erhobenen Daten über die Wasserführung des Oued Massa sind zu optimistisch. Statt der angenommenen Wassermenge von 5,5 m³/Sek. transportiert der Fluß im Mittel vieler Jahre nur 2,9 m³/Sek. Also ist die Fläche des Bewässerungsgebietes zu groß gewählt worden.
● Bei der Analyse der Klimafaktoren sind anstelle mikroklimatischer Reihenuntersuchungen kurzerhand die Werte von Agadir verwendet worden. Dort beträgt das Januarmittel 14 °C, in Meeresnähe sind Temperaturen unter dem Gefrierpunkt unbekannt. Inzwischen haben die Bauern in Massa die leidvolle Erfahrung machen müssen, daß trotz der südlichen Lage durchschnittlich jedes dritte Jahr Bodenfröste auftreten. Vor allem der Tomatenanbau stellt also ein ständiges Risiko dar.

● Methoden zur Schädlingsbekämpfung für die ungewohnten Exportkulturen bleiben den Bauern fremd. Versäumnisse führen zu einem starken Schädlingsbefall, vor allem bei Tomaten.
● Bei der ersten Ernte im Frühjahr 1975 ist die Verpackungsstation nicht fertiggestellt. Weniger als ein Drittel der Tomaten kann exportiert werden. Die Fellachen erhalten keine Entschädigung und verschulden sich bereits in der Anfangsphase. Ohne staatliche Preis- und Absatzgarantie kann ein Kleinbauer weder die Ernteausfälle durch Witterungseinflüsse noch die Schwankungen des Weltmarktpreises verkraften. Folglich kommt es zu einem Selektionsprozeß zugunsten größerer und kapitalkräftigerer Betriebe.
● Die Bauern sind kaum in die Planung mit einbezogen worden. Im Bereich von Massa und im weiten Umland herrscht zudem akuter Arbeitskräftemangel. Ein beachtlicher Teil der männlichen Bevölkerung wandert seit Jahrzehnten in die Großstädte des Nordens und nach Europa ab. Woher sollen also 6 000 zusätzliche Arbeitskräfte kommen? Die Compagnie du Bas-Rhône hat ihre Rentabilitätsberechnungen auf der Grundlage einer Tagelöhnerbesoldung von 9 Dirham/Tag (etwa

3 DM) durchgeführt. Heute müssen aber mindestens 15 Dirham gezahlt werden. Abgesehen davon brauchen die Tagelöhner eine gewisse Qualifikation für diesen kulturtechnisch anspruchsvollen Landbau.

● Entscheidend für den Mißerfolg ist auch die Nichtbeachtung überkommener Besitzstrukturen: Es hat zwar eine grundlegende Bewirtschaftungsreform, aber keine Bodenreform stattgefunden. Jeder Fellache verfügt über unterschiedlich viel Land und Kapital. Eigentümer mit wenig Grundbesitz müssen also zunächst die eigene Ernährung sicherstellen!

● Die Planungshoheit liegt in Händen einer ausländischen Gesellschaft! (57)

6 *Vergleichen Sie beim Massa-Projekt Planung und Wirklichkeit (Abb. 13 und 14).*

7 *a) Welche gravierenden Fehler wurden gemacht? Unterscheiden Sie nach physisch geographischen und nach soziokulturellen Faktoren. Werten Sie die Medien aus.*
b) Überprüfen Sie Ihre Ergebnisse mit Hilfe der Thesen für das erfolgreiche Gelingen von Bewässerungsvorhaben in der Dritten Welt.

8 *Beurteilen Sie nach diesen Kriterien nun das Projekt „Neues Tal".*

9 *Nach den heute geltenden Richtlinien der Entwicklungspolitik würde ein Projekt wie Massa von der Bundesrepublik Deutschland nicht mehr gefordert. Begründen Sie dies anhand der Übersicht (Abb. 5, S. 41).*

10 *Charakterisiern Sie Marokko als Entwicklungsland (Abb. 15).*

Thesen für erfolgreiche Bewässerungsprojekte in der Dritten Welt

● Die langfristige Erhaltung, Sicherung und Verbesserung der Produktionsgrundlagen, d. h., Wasser und Boden sind produktionstechnisch in einen Optimalzustand zu versetzen, der eine sichere, dauerhafte Erzeugung hoher Erträge gewährleistet.

● Die Produktionsbedingungen sind gegenüber traditionellen, Methoden nur in dem Umfang veränderbar, wie dies die volkswirtschaftlichen, infrastrukturellen und sozialen Rahmenbedingungen zulassen.

● Die Wirtschaftlichkeitsberechnungen für das neue System müssen alle möglichen Negativeinflüsse der Produktion und ihre Wechselwirkungen berücksichtigen und diesen Extremfall den traditionellen Bewirtschaftungsmethoden gegenüberstellen. Ist die Gefahrenschwelle des wirtschaftlichen Überlebens überschritten, sind Bewässerungsprojekte bereits im Planungsstadium abzubrechen.

● Bewässerungsprojekte sind nur dann wirtschaftlich zu rechtfertigen, wenn die geschlossene Hofwirtschaft aufgegeben wird und eine Basis für eine Überschußproduktion langfristig gesichert ist. Hierzu gehört die Absicherung der Vermarktung von Überschußproduktion in Menge und Qualität zu kostendeckenden Preisen, auch unter Berücksichtigung der Vermarktungskosten.

● Bevölkerungsentwicklung und Agrarverfassung können die Besitzstrukturen und die zu ernährenden Menschen je Flächeneinheit erheblich beeinflussen und damit die Wirtschaftlichkeit von Bewässerungssystemen gefährden. Ein Bewässerungsprojekt muß deshalb als Sozialkomponente über einen Gesundheitsdienst mit Familienförderungsprogramm verfügen und die Besitzverhältnisse so regeln, daß die Erbteilung ein wirtschaftliches Weiterleben der einzelnen Betriebseinheiten ermöglicht.

● Die meisten Bewässerungsobjekte leiden häufig nicht an technischen Mängeln, sondern an der fehlenden Infrastruktur. Kapitalinvestitionen sind oft in diesem Bereich nicht ausreichend vorgesehen.

● Die Nutzung von Forschungsergebnissen, ihre Eignungsprüfung für den jeweiligen Standort, ein vom Staat unabhängiger, am Beratungsergebnis beteiligter Dienst zur Information und Weiterbildung der Zielgruppe müssen als unverzichtbare Teile eines Bewässerungsprojektes bereits zum Bestandteil der ersten Planungsüberlegungen gehören. Das Personal aller Führungsebenen für die Wartung, Pflege und den Betrieb der Gesamtanlage muß frühzeitig ausgebildet und so am Erfolg beteiligt sein, daß seine langfristige Bindung an das System gesichert ist. (58)

Anhang

Klimastationen

Tropen

TROPISCHE HALB- UND VOLLWÜSTEN

		J	F	M	A	M	J	J	A	S	O	N	D	Jahr
Djidda, 6 m	°C	24	24	24	27	29	30	32	32	30	29	27	25	28
21°28′ N/39°10′ O	mm	5	2	2	2	2	0	2	2	2	25	30	76	
Bilma, 355 m	°C	19	20	24	29	32	33	33	32	31	27	23	18	27
18°39′ N/13°23′ O	mm	0	0	0	0	1	1	2	11	4	2	0	0	21
Agades, 520 m	°C	20	23	27	31	33	33	31	30	31	29	24	21	28
17° N/7°34′ O	mm	0	0	0	1	6	8	49	78	20	1	0	0	163

DORNSAVANNEN

		J	F	M	A	M	J	J	A	S	O	N	D	Jahr
Hyderabad, 542 m	°C	22	25	29	31	33	30	27	27	26	27	23	22	27
17°26′ N/78°27′ O	mm	8	10	13	30	28	112	152	135	165	64	28	8	753
Sinder, 506 m	°C	22	25	29	33	34	32	28	27	29	31	27	24	28
13°48′ N/8°59′ O	mm	0	0	0	3	27	55	153	232	71	7	0	0	548
El-Obeid, 568 m	°C	21	22	26	29	30	29	27	26	27	28	25	22	26
13°08′ N/30°10′ O	mm	0	0	0	0	18	38	97	117	76	15	0	0	361

TROCKENSAVANNEN

		J	F	M	A	M	J	J	A	S	O	N	D	Jahr
Wagadugu, 316 m	°C	25	28	31	33	31	29	27	26	27	29	28	26	28
12°25′ N/01°30′ W	mm	0	0	3	8	19	84	118	193	265	153	37	2	0	882
Kano, 470 m	°C	21	24	28	31	31	28	26	25	26	27	25	22	26
12°03′ N/8°32′ O	mm	0	1	2	8	71	119	209	311	137	14	1	0	873
Acapulco, 3 m	°C	27	27	27	27	28	29	29	29	28	28	28	27	28
16°50′ N/99°56′ W	mm	6	1	1	1	36	281	256	252	349	159	28	8	1 378

FEUCHTSAVANNEN

		J	F	M	A	M	J	J	A	S	O	N	D	Jahr
Kalkutta, 10 m	°C	20	22	27	30	30	30	29	29	29	26	23	19	26
22°32′ N/88°20′ O	mm	10	30	36	43	140	297	325	328	251	114	20	5	1 599
Cuiabá, 171 m	°C	26	26	26	26	24	23	23	25	27	27	27	27	26
15°35′ S/56°06′ W	mm	213	200	222	106	46	14	9	27	48	124	162	208	1 379
Lagos, 2 m	°C	27	29	29	28	28	27	26	26	26	27	28	28	27
6°27′ N/3°24′ O	mm	28	41	106	145	268	443	273	63	128	193	75	30	1 793
Kinshasa, 358 m	°C	26	26	27	27	26	23	22	23	26	26	26	26	25
4°20′ S/15°16′ O	mm	135	146	196	196	157	8	3	3	30	119	221	142	1 356
Nairobi, 1 798 m	°C	18	18	19	18	17	16	15	15	17	18	17	17	17
1°18′ S/36°45′ O	mm	88	70	96	155	189	29	17	20	34	64	189	115	1086

IMMERGRÜNE REGENWÄLDER

		J	F	M	A	M	J	J	A	S	O	N	D	Jahr
Colombo, 6 m	°C	26	26	27	28	28	27	27	27	27	26	26	26	27
6°54′ N/79°53′ O	mm	88	96	118	260	353	212	140	124	153	354	324	175	2 397
Kisangani, 460 m	°C	26	26	26	26	26	28	28	28	28	28	28	28	28
0°41′ N/25°11′ O	mm	95	115	152	181	167	115	100	186	174	228	177	114	1 804
Balikpapan, 7 m	°C	26	26	26	26	26	26	26	26	26	26	26	26	26
1°17′ S/116°51′ O	mm	201	175	231	208	231	193	180	163	140	132	168	206	2 228
Belém, 24 m	°C	25	25	25	26	26	26	26	26	26	26	26	26	26
1°28′ S/48°27′ W	mm	339	408	436	344	288	175	145	127	118	92	86	175	2 733
Manaus, 44 m	°C	26	26	26	26	26	27	27	28	28	27	27	27	27
3°08′ S/60°01′ W	mm	262	249	274	277	201	112	69	38	61	119	155	226	2 043
Djakarta, 8 m	°C	25	25	26	26	26	26	26	26	26	26	26	26	26
6°12′ S/106°48′ O	mm	270	241	175	131	139	105	72	65	146	169	183	185	1 881

Subtropen

WINTERREGENGEBIETE (MITTELMEERKLIMA)

		J	F	M	A	M	J	J	A	S	O	N	D	Jahr
Adana, 25 m	°C	9	10	13	17	22	25	28	28	26	22	17	11	19
36°59' N/35°18' O	mm	109	102	64	41	51	18	5	5	18	48	61	97	619
Algier, 59 m	°C	12	13	14	16	18	22	24	25	23	20	17	14	18
36°46' N/03°03' O	mm	110	83	74	41	46	17	2	4	42	80	128	135	762
Kapstadt, 12 m	°C	21	22	20	18	15	14	13	13	14	16	18	20	17
33°54' S/18°32' O	mm	18	15	23	48	94	112	91	84	58	41	28	20	623

SOMMERREGENGEBIETE (OSTSEITENKLIMA)

		J	F	M	A	M	J	J	A	S	O	N	D	Jahr
Schanghai, 7 m	°C	3	4	8	13	19	23	27	27	23	17	12	6	15
31°12' N/121°26' O	mm	48	58	84	94	94	180	147	142	130	71	51	36	1 135
Buenos Aires, 25 m	°C	24	23	21	17	14	11	10	11	14	16	19	22	17
34°35' S/58°29' W	mm	104	82	122	90	79	68	61	68	80	100	90	83	1 027

WINTERMILDE STEPPEN

		J	F	M	A	M	J	J	A	S	O	N	D	Jahr
Teheran, 1 220 m	°C	2	5	10	16	21	26	30	29	25	18	12	6	17
35°41' N/51°25' O	mm	46	38	46	36	13	3	3	3	3	8	20	30	249
Kairouan, 68 m	°C	10	12	14	17	21	25	28	29	26	21	16	11	19
35°25' N/10°01' O	mm	26	25	36	29	24	12	5	9	38	35	32	24	295
Marrakesch, 460 m	°C	12	13	16	18	21	25	29	29	26	21	16	12	20
31°36' N/8°01' W	mm	28	29	32	31	17	7	2	3	10	21	28	33	241
Agadir, 48 m	°C	14	14	17	18	19	21	22	22	22	20	18	14	18
30°23' N/9°34' W	mm	48	32	24	16	5	1	0	0	6	22	29	41	224

SUBTROPISCHE HALB- UND VOLLWÜSTEN

		J	F	M	A	M	J	J	A	S	O	N	D	Jahr
Bagdad, 34 m	°C	10	12	15	22	28	32	34	34	31	25	18	12	23
33°20' N/44°24' O	mm	23	25	28	13	3	2	2	2	2	3	20	25	148
Multan, 126 m	°C	14	16	22	28	34	36	36	33	32	27	21	15	26
30°12' N/71°31' O	mm	10	10	10	5	8	10	51	43	10	2	3	8	170
In-Salah, 273 m	°C	13	15	20	24	30	34	37	36	33	27	20	14	25
27°07' N/2°17' O	mm	3	2	0	0	0	0	0	1	0	4	3	0	13
Assuan, 111 m	°C	16	17	21	26	31	33	33	33	31	28	23	17	26
21°55' N/31°19' O	mm	0	0	0	0	2	0	0	0	0	1	0	0	3

Klimadaten zum Vergleich

		J	F	M	A	M	J	J	A	S	O	N	D	Jahr
Berlin (West), 51 m	°C	−1	0	4	9	14	17	18	18	14	9	4	1	9
	mm	43	40	31	41	46	62	70	68	46	47	46	41	581
Hamburg, 14 m	°C	0	0	3	7	12	15	17	17	13	9	5	2	8
	mm	57	47	38	52	55	64	82	84	61	59	57	58	714
Paris, 52 m	°C	3	4	7	10	14	17	19	18	16	11	7	4	11
	mm	54	43	32	38	52	50	55	62	51	49	50	49	585
Moskau, 144 m	°C	−10	−8	−4	4	13	16	19	17	11	4	−2	−7	4
	mm	28	23	31	38	48	51	71	74	56	36	41	38	535

Ausgewählte Grundbegriffe

Abkoppelungsansatz. In der politischen Diskussion über die Überwindung der Unterentwicklung von einigen Wissenschaftlern vertretene Auffassung, daß sich die → Entwicklungsländer vom Welthandel abkoppeln sollen, um ihre eigenen Interessen verwirklichen zu können.

Agronomische Trockengrenze. Grenze des Regenfeldbaues. Sie ist etwa dort zu suchen, wo wenigstens während vier Monaten im Jahr ausreichend Regen fällt. In Winterregengebieten sollte die Niederschlagsmenge für ein ergiebiges Wachstum 300—400 mm, in Sommerregengebieten 400—500 mm pro Jahr nicht unterschreiten. Die agronomische Trockengrenze hängt allerdings auch von den sozioökonomischen Gegebenheiten ab. Sie ist zugleich eine Rentabilitätsgrenze, die auf dem Entwicklungsstand und Lebensstandard der Bevölkerung eines Landes beruht.

Analphabeten. Menschen, die weder lesen noch schreiben können. In vielen → Entwicklungsländern beträgt der Anteil der Analphabeten über 50 % der Bevölkerung.

Angepaßte Technologie, angepaßte Technik. Den → Entwicklungsländern ist mit hochmoderner kapitalintensiver Technik weniger geholfen als mit einer „mittleren", mehr arbeitsintensiven Technik. Gemeint ist, daß sich die technische Ausrüstung den besonderen Gegebenheiten in den Entwicklungsländern anpassen soll. Mit Hilfe der angepaßten Technologie lassen sich auch mehr Arbeitskräfte beschäftigen.

Bevölkerungsexplosion. Das sprunghafte Ansteigen der Erdbevölkerung von 1,5 Mrd. zu Beginn dieses Jahrhunderts auf nahezu 4,5 Mrd. im Jahre 1980 und auf voraussichtlich 6 bis 7 Mrd. um das Jahr 2000.

Bevölkerungsgesetz von Malthus (auch: Malthusianisches Bevölkerungsgesetz oder, kurz, Malthusianismus). Benannt nach dem englischen Bevölkerungs- und Sozialwissenschaftler Thomas Robert Malthus (1766—1834); es besagt, daß sich die Bevölkerung eines Landes in geometrischer Progression (1, 2, 4, 8, . . .) vermehrt, die Nahrungsmittel dagegen nur in arithmetischer Progression (1, 2, 3, 4, . . .).

Bevölkerungspyramide. Graphische Darstellung des Altersaufbaues, der Altersgliederung, d. h. Gliederung einer Bevölkerung (meist von Staaten) nach Altersjahrgängen oder -gruppen und nach Geschlechtern.

Bevölkerungsstruktur. Aufbau einer Bevölkerung nach Altersklassen (→ Bevölkerungspyramide), Berufen, Ständen usw.

Bilaterale Zusammenarbeit. Öffentliche Entwicklungsleistungen, die ein Staat einem anderen direkt, d. h.: nicht über multilaterale Organisationen, gewährt. Die Partner werden dabei als Geberland und Empfängerland bezeichnet.

Binnenwanderung. Wanderbewegung innerhalb der Grenzen eines Staates, im Gegensatz zur Aus- und Einwanderung. Eine besondere Form der Binnenwanderung stellt die Landflucht einschließlich der Bergflucht dar.

BMZ. Abkürzung für „Bundesministerium für wirtschaftliche Zusammenarbeit". Dieses 1961 geschaffene Ministerium ist für die deutsche Entwicklungspolitik verantwortlich.

Bodenversalzung. Gefährliche Begleiterscheinung der Bewässerung in → Trockengebieten. Das den Feldern und Beeten zugeführte Wasser verdunstet weitgehend, und die im Wasser gelösten Salze reichern sich als Salzkruste an der Oberfläche und im Oberboden an. Da die meisten Pflanzen nur einen geringen Salzgehalt des Bodens vertragen, gehen die Erträge zurück. In der Indusebene in Pakistan und in vielen Oasen Nordafrikas ist die Versalzung stellenweise so weit fortgeschritten, daß kein Anbau mehr möglich ist. Gegenmaßnahmen zur **Bodenentsalzung:** Stärkere Bewässerung, die Anlage von tieferen Entwässerungsgraben und von Tiefbrunnen.

Brandrodung. Art der Landnutzung bei schweifenden Sammlern und Hackbauern in den → Tropen. Um neue Anbauflächen zu gewinnen, werden Teile des Waldes gerodet und abgebrannt und anschließend mit Mais, Hirse oder Reis bestellt. Da die Tropenböden nach wenigen Jahren erschöpft sind und Düngung unbekannt ist, roden die Eingeborenen Hinterindiens, Borneos oder des Amazonasgebietes an anderer Stelle wieder ein Stück Wald.

Brandt-Kommission. Ihr offizieller Name lautet „Unabhängige Kommission für Internationale Entwicklungsfragen". Ihre Kurzbezeichnung hat sie vom Namen ihres Vorsitzenden Willy Brandt. Gebildet wurde sie auf Vorschlag von Weltbankpräsident Robert McNamara. Ihre Arbeit hat sie Ende 1977 aufgenommen, ihren ersten Bericht mit dem Titel „Das Überleben sichern" (Brandt-Bericht) 1980 veröffentlicht. Ihr zweiter Bericht trägt den Titel „Hilfe in der Weltkrise. Ein Sofortprogramm".

Bruttoinlandsprodukt (BIP) → Entwicklungsländer.

Bruttosozialprodukt (BSP) → Sozialprodukt.

Club of Rome. 1968 in Rom gegründet als internationale Vereinigung aller Wissenschaftsrichtungen, mit dem Ziel, die Wechselwirkungen von Erdbevölkerung, Rohstoffreserven, Umweltverschmutzung, Industrialisierung, Landwirtschaft usw. allgemein bekannt und durchschaubar zu machen. Von den vielseitigen Forschungsarbeiten haben insbesondere die Veröffentlichungen „Grenzen des Wachstums" und „Menschheit am Wendepunkt", die echte Möglichkeiten (konkrete Strategien) zur Lösung der Weltprobleme enthalten, eine breite Öffentlichkeit erreicht. Politisch wurde durch sie bisher kaum etwas bewegt.

Degradierter Boden. Ursprünglich guter Boden, der durch Veränderungen des Klimas und der Vegetation oder durch Eingriffe des Menschen (z. B. Entwaldung, einseitige Nutzung) in einen schlechteren Zustand übergeführt wurde.

Desertifikation. Wüstenausbreitung, Prozeß der Degradierung (→ degradierter Boden) und Zerstörung von Böden und Kulturlandschaften durch nichtangepaßte Landnutzungsmethoden in den Randzonen der Wüsten. Wüstenhafte Bedingungen breiten sich in die angrenzenden Räume der Steppen und → Savannen aus. Durch Ackerbau, der in Gebieten jenseits der → Trockengrenze vorgetrieben wurde, und durch Überweidung wird das ökologische Gleichgewicht zerstört. Die Böden werden durch Wind und Wasser abgetragen, bis unfruchtbare Skelettböden zurückbleiben. Zur Desertifikation im weiteren Sinne gehört auch die → Bodenversalzung in den Bewässerungsgebieten der Erde.

Dritte Welt. Bezeichnung für die Gesamtheit der → Entwicklungsländer, die nach dem Zweiten Weltkrieg weitgehend aus den ehemaligen Kolonien hervorgegangen sind. Der Dritten Welt stehen die Erste Welt, d. h. die westlichen demokratischen Industrieländer, und die Zweite Welt, d. h. die östlichen, kommunistischen Länder, gegenüber.

Elendsviertel. Sie finden sich in den Randbezirken vieler Großstädte der Alten und der Neuen Welt. Es handelt sich um armselige Barackensiedlungen, in denen im allgemeinen weder Straßen, Wasserleitungen, Kanalisation noch Schulen vorhanden sind; Hunger, → Unterernährung und Krankheit gehören zum alltäglichen Bild der Menschen, die darin leben müssen. Im englischen Sprachbereich spricht man von Slums oder „shanty towns", im französischen von Bidonvilles (Blechkanisterstädte), in Brasilien heißen die Elendsviertel Favelas, in Peru Barriadas, in Indien Basti usw.

Entwicklungshilfe. Die Hilfe, die → Industrieländer und Organisationen, wie die Vereinten Nationen, den → Entwicklungsländern in Form von Geld, günstigen Darlehen, technischer Ausrüstung und Beratung gewähren.

Entwicklungsländer. Länder, in denen das Einkommen der Bevölkerung weit unter dem der → Industrieländer liegt. Entwicklungsländer haben große Probleme zu bewältigen: drückende Armut, Hunger, Krankheiten, starker Bevölkerungszuwachs (→ Bevölkerungsexplosion), wenige Arbeitsplätze außerhalb der Landwirtschaft, große → Elendsviertel um die Städte („Slums"), viele → Analphabeten. Sie benötigen dringend die Unterstützung der wohlhabenden Industrieländer (→ Entwicklungshilfe). Die meisten Länder Afrikas, Asiens und Lateinamerikas sind Entwicklungsländer, die sich wieder in Länder der Dritten und Vierten Welt unterteilen lassen. Dritte Welt (LDC = Less Developed Countries): alle Entwicklungländer, im engeren Sinne die volkswirtschaftlich bessergestellten, rohstoffreichen Länder in der Entwicklung. Vierte Welt (LLDC = Least Developed Countries): die rohstoffarmen, besonders rückständigen Entwicklungsländer. Zur Bestimmung der LLDC-Gruppe benutzt die → UNO die folgenden Merkmale: 100 US-Dollar je Einwohner Bruttoinlandsprodukt/BIP (= Wert der gesamten Produktion im Inland pro Jahr), zehnprozentiger BIP-Anteil der Industrieproduktion, 20 % Alphabetisierungsquote (20 % der über 15jährigen können lesen und schreiben).

Erste Welt → Dritte Welt, → Entwicklungsländer.

FAO, Food and Agriculture Organization of the United Nations (Organisation der Vereinten Nationen für Ernährung und Landwirtschaft). Gegründet 1945 mit Sitz in Rom. Diese Organisation hat die Aufgabe, Informationen über Ernährung, Land-, Forst- und Fischereiwirtschaft zu sammeln und auszuwerten; sie fördert auch die Nahrungsmittel- und Holzproduktion in den → Entwicklungsländern.

Favelas → Elendsviertel.

Freihandelszone. Von Zoll- und z. T. auch Steuerlasten freies Handels- und Produktionsgebiet; in einigen → Entwicklungsländern auch zur Anwerbung von (ausländischen) Industriefirmen geschaffen.

GATT (**G**eneral **A**greement on **T**ariffs and **T**rade). Zoll- und Handelsabkommen vom 30. 10. 1947 mit dem Ziel, den Welthandel zu erweitern und die Zölle unter den Mitgliedsstaaten abzubauen. Die Bundesrepublik Deutschland ist seit 1950 eines der über 80 Mitglieder.

Geburtenrate, Geburtenziffer. Anzahl der Neugeborenen eines Jahres, jeweils auf tausend Einwohner bezogen. Beispiel: Bei 20 000 Einwohnern einer Stadt und 180 Geburten beträgt die Geburtenziffer 9.

Generatives Bevölkerungsverhalten. Alle demographischen Werte einer ausgewählten, homogenen sozialen Gruppe, z. B. der Mittelschicht einer deutschen Stadt zu einem bestimmten Zeitpunkt. Im einzelnen: Heiratshäufigkeit, Heiratsalter, inner- und außereheliche Fruchtbarkeit, → Geburten- und Sterberate.

Großgrundbesitz. Großer Landbesitz eines einzelnen Eigentümers oder einer Familie. In der Bundesrepublik Deutschland rechnet man Flächen von über 100 ha bereits zum Großgrundbesitz, in Südamerika erst solche von über 1 000 ha. Der Großgrundbesitz ist besonders in den → Entwicklungsländern verbreitet, z. B. in Brasilien oder Argentinien.

Grundbedürfnisse (basic needs). Entsprechend der Definition des 1976 von der Weltbeschäftigungskonferenz verabschiedeten Aktionsprogramms umfassen die Grundbedürfnisse den laufenden Mindestbedarf des einzelnen und seiner Familie an Ernährung, Unterkunft und Kleidung, ferner lebenswichtige öffentliche Dienstleistungen, insbesondere Trinkwasser, sanitäre Anlagen, öffentliche Verkehrsmittel, Gesundheits- und Bildungseinrichtungen.

Grundbedürfnisstrategie. Sie verfolgt das Ziel, die nationalen und internationalen Rahmenbedingungen zu schaffen, um die → Grundbedürfnisse der Armen in der Dritten Welt zu decken.

Grundnahrungsmittel. Die zum Leben unbedingt erforderlichen pflanzlichen Lebensmittel wie Weizen, Reis, Mais, Knollenfrüchte (Kartoffeln, Maniok, Bataten u. a.) sowie die tierischen Nahrungsmittel Fleisch, Milch, Butter, Käse, Eier, Fische. Ein Mangel an Grundnahrungsmitteln führt zur → Unterernährung.

„Grüne Revolution". Gewaltige Steigerung der Flächenproduktion durch Anbau neuer Reis-, Mais- und Weizensorten in Indien und Hinterindien. Diese Getreidesorten sind allerdings so gezüchtet, daß sie nur bei intensiver Bewässerung ein Maximum an Kunstdünger aufnehmen. Ohne reichhaltiges Wasserangebot, künstliche Düngung und Schädlingsbekämpfungsmittel bleiben die Erträge nach wie vor gering.

Handelsbilanz → Zahlungsbilanz.

Hungergürtel der Erde. Er umfaßt weite Teile der → Tropen und → Subtropen. Die tägliche Nahrungsmenge enthält hier weniger als 8 500 Kilojoule oder 2 000 Kilokalorien (→ Unterernährung, Mangelernährung). Vom Hunger bedroht sind gegenwärtig 13 Länder in Afrika (z. B. die Sahelländer), 5 in Asien (z. B. Indien) und 3 in Lateinamerika (z. B. El Salvador).

Importsubstitution. Entwicklungsstrategie, die über die Schaffung von Industriebetrieben im Lande die bisherigen Importe von Fertigwaren ersetzen (= substituieren) will. In der Regel werden solche Fertigungsstätten zuerst eingerichtet, die einfach herzustellende Konsumgüter produzieren, die anderenfalls gegen Devisen importiert werden müssen.

Industrieländer (-staaten). In den Industrieländern ist im Unterschied zu den → Entwicklungsländern der überwiegende Teil der Bevölkerung in der Industrie, im Handel und Gewerbe, aber auch im → Tertiären Sektor beschäftigt. Infolge der großen Produktion an industriellen Erzeugnissen ist das Pro-Kopf-Einkommen hoch. Industriestaaten: Bundesrepublik Deutschland, Großbritannien, USA, UdSSR, Japan und andere.

Infrastruktur. Ausstattung mit Einrichtungen, welche die Grundlage für die wirtschaftliche Entwicklung eines Gebietes bilden. Regionen mit günstiger Infrastruktur haben gut ausgebaute Verkehrswege, eine genügende Zahl von Verkehrseinrichtungen, Schulen, Krankenhäusern, eine funktionierende Energie- und Wasserversorgung.

Joule (J). Maßeinheit für die Energie, die seit dem 1. 1. 1978 an die Stelle der Kalorie getreten ist; eine Grammkalorie entspricht 4,18 Joule (1 cal = 4,18 J) bzw. eine Kilokalorie 4,18 Kilojoule (1 kcal = 4,18 kJ).

Jute. Nach Baumwolle wichtigste pflanzliche Faser, stammt aus Ostasien, Hauptanbaugebiete China, Bangladesch und Indien (Ganges-Brahmaputra-Delta mit 75 % der Welterzeugung).

Kartell. Zusammenschluß meist großer Unternehmen mit gleichen Produkten, um Preise und Produktionsmengen miteinander abzusprechen. Da hierbei der gegenseitige Wettbewerb ausgeschlossen wird, besteht in der Bundesrepublik Deutschland seit 1957 ein Kartellverbot. Allerdings gibt es zahlreiche Ausnahmegenehmigungen, die vom Bundeskartellamt, der zuständigen Aufsichtsbehörde, erteilt werden.

Kaufkraft. Die Menge an Gütern, die man für eine bestimmte Geldsumme bekommt. Die Kaufkraft drückt damit den tatsächlichen Geldwert aus. Sinkt der Geldwert, so geht auch die Kaufkraft zurück (Kaufkraftschwund). Voraussetzung zur Hebung des Lebensstandards in den Entwicklungsländern ist eine Steigerung der Kaufkraft.

LLDC → Entwicklungsland.

Malthus → Bevölkerungsgesetz von Malthus.

Marginalsiedlung. Unkontrolliert wachsende randstädtische Armutssiedlung in der Dritten Welt.

Marktwirtschaft. Eine Wirtschaftsordnung mit freiem Wettbewerb, in der die Preise für eine Ware hauptsächlich durch Angebot (Menge der zur Verfügung stehenden Waren) und Nachfrage bestimmt werden. Um soziale Härten zu mildern, greift der Staat oft in diese **freie Marktwirtschaft** ein (z. B. Festsetzung von Mindestlöhnen und -preisen, Preiskontrolle). In diesem Fall spricht man von **sozialer Marktwirtschaft.** Im Gegensatz zu der freien und sozialen Marktwirtschaft in den westlichen Ländern wird im → Ostblock die Wirtschaftsordnung durch den Staat gelenkt (→ Planwirtschaft).

Monokultur. Einseitiges Vorherrschen einer bestimmten landwirtschaftlichen Bodennutzung, d. h. großflächiger und langjähriger Anbau ein und derselben Kulturpflanze, der zur Auslaugung des Bodens, zur Vermehrung von Schädlingen und Pflanzenkrankheiten und damit zum Rückgang der Erträge führt. Monokulturen finden sich vor allem im Bereich der Plantagenwirtschaft: Baumwolle in den USA, Kaffee in Brasilien, Kautschuk in Malaysia usw.

MSAC → Entwicklungsland.

Nord-Süd-Gefälle. Zwischen den → Industrieländern des Nordens und den → Entwicklungsländern des Südens besteht ein Gefälle von Wohlhabenheit zu Armut; im **Nord-Süd-Dialog** bemüht man sich, Wege zu finden, um dieses Gefälle abzubauen und um den bestehenden **Nord-Süd-Konflikt** zu entschärfen.

Oase. Intensiv genutzte Fläche in oder am Rande der Wüste. Je nach Herkunft des zur Verfügung stehenden Wassers unterscheidet man **Grundwasser-, Quell- oder Fluß- oder Stromoasen.**

OECD, Organization for Economic Cooperation and Development (Organisation für wirtschaftliche Zusammenarbeit und Entwicklung). Diese Organisation wurde 1960 von 17 westeuropäischen Ländern sowie von Finnland, Japan, Kanada, der Türkei und den USA gegründet. Ihr Ziel ist eine verstärkte wirtschaftliche Zusammenarbeit.

Ökosystem. Ein natürliches Gefüge, das aus lebenden Bestandteilen wie Pflanzen, Bakterien, Tieren und Menschen sowie unbelebten Bestandteilen wie Luft, Wasser und Mineralien besteht und das sich in einem Gleichgewichtszustand befindet **(ökologisches Gleichgewicht).** Zu starke

Eingriffe des Menschen in die Natur können zu einem Zusammenbruch des Ökosystems führen und verheerende Folgen für Millionen von Menschen haben. Beispiele: Bodenerosion in den Mittelmeerländern und Steppengebieten, → Bodenversalzung in Bewässerungsgebieten, Flußregulierung, Ausbeutung von Rohstoffen, Verwendung nicht genügend erprobter Chemikalien.

OPEC, Organization of Petroleum Exporting Countries (Organisation erdölexportierender Länder). Gegründet 1960 mit Sitz in Wien; ihr gehören mit Ausnahme der USA, Mexikos und der UdSSR die wichtigsten Förderländer Asiens, Afrikas und Südamerikas an.

Planwirtschaft. Eine vom Staat nach einem einheitlichen Plan gelenkte Wirtschaft. Von einer zentralen Verwaltungsstelle erhält jeder Industriebetrieb genaue Anweisungen über die Herstellung von Gütern sowie über Preise und Löhne, wie sie meistens in einem Fünfjahresplan festgelegt werden. Diese Planwirtschaft der kommunistisch regierten Länder (z. B. UdSSR, DDR) wird auch oft als **Zentralverwaltungswirtschaft** bezeichnet. Sie steht im Gegensatz zur → Marktwirtschaft der westlichen Industriestaaten.

Primärer Sektor, Primärer Bereich. Der Primäre Sektor umfaßt die sogenannte Urproduktion: Land- und Forstwirtschaft, Jagd, Fischerei und Bergbau. Die Zuteilung des Bergbaues zum Primären oder Sekundären Sektor ist schwankend (→ Sekundärer und → Tertiärer Sektor). In den → Entwicklungsländern sind die meisten Erwerbstätigen im Primären Sektor beschäftigt; in den hochentwickelten → Industrieländern vor allem im Sekundären und Tertiären Bereich.

Regenwald, Tropischer Regenwald. Wald der immerfeuchten → Tropen, der bei gleichmäßig hohen Temperaturen (im Mittel 25—28 °C) und reichlichen Niederschlägen (über 1 500 mm im Jahr) gedeiht. Üppiger Tropischer Regenwald überzieht das Amazonasbecken, das Kongobecken, Teile Hinterindiens und Indonesiens **(feuchter Monsunwald).** Er unterscheidet sich von unseren Wäldern durch den ausgeprägten Stockwerkbau und den Artenreichtum (etwa 3 000 immergrüne Baumarten, Fülle von Schling- und Kletterpflanzen). Nutzpflanzen: Edelhölzer, Gummibaum, Parakastanie, Gewürzpflanzen und Drogen (z. B. Kolanuß). Auf Rodungsinseln im Urwald Anbau von Kakao, Bananen, Zuckerrohr, Maniok usw.

Ressourcen. Gesamtheit aller natürlichen Rohstoffe, Hilfs- und Produktionsmittel für die wirtschaftliche Tätigkeit des Menschen.

Rohstoffländer. Länder, die reich an Rohstoffen sind. So bilden pflanzliche Rohstoffe wie Kaffee, Kakao, Bananen, Kautschuk oder Baumwolle, tierische Rohstoffe wie Wolle, Felle oder Leder und mineralische Rohstoffe wie Erdöl, Eisenerz, Kupfer oder Zinn die Grundlage der Wirtschaft vieler → Entwicklungsländer. Da die meisten dieser Rohstoffe im Vergleich zu den Industrieerzeugnissen auf dem Weltmarkt billig gehandelt werden, liegt das durchschnittliche Einkommen in den Entwicklungsländern um ein Vielfaches niedriger als in den → Industrieländern.

Rohstoffonds. Die UNO-Konferenz für Handel und Entwicklung (→ UNCTAD) kam 1979 in Verhandlungen zwischen den → Industrie- und → Entwicklungsländern zu einer vorläufigen Einigung über einen von den letztgenannten gewünschten Rohstoffonds; er soll das Funktionieren des „Internationalen Rohstoffabkommens", dessen Verwirklichung jedoch noch gar nicht gesichert ist, erleichtern.

Savannen. Ausgedehnte Grasländer der wechselfeuchten → Tropen mit einzelnen Bäumen und Baumgruppen, die sich an den Tropischen → Regenwald anschließen. Mit zunehmender Entfernung vom Äquator wird die **Trockenzeit** gegenüber der Regenzeit immer ausgeprägter. Wo die Regenzeit 7—9½ Monate beträgt, ist die **Feuchtsavanne** mit bis zu 2 m hohen, harten Büschelgräsern ausgebildet. Sie geht allmählich in die **Trockensavanne** über, die bei 4½—7 humiden Monaten aus niedrigen Grasarten, Gestrüpp und einzelnen laubabwerfenden Bäumen besteht. Bei noch längerer Trockenzeit (2—4½ Regenmonate, 10—7½ aride Monate) beginnt die **Dornsavanne.**

Sekundärer Sektor, Sekundärer Bereich. Umfaßt die Industrie und das Handwerk; → Primärer Sektor, → Tertiärer Sektor.

Selbstversorgungswirtschaft. Wirtschaftsform von Naturvölkern, die alles oder nahezu alles, was sie zum Leben brauchen, selbst erzeugen (z. B. Sammelwirtschaft, Jagd und Fischfang der Indianer und Pygmäen im Tropischen → Regenwald). Auch die Vielfalt kleiner landwirtschaftlicher Betriebe in den → Entwicklungsländern dient oft ausschließlich der Versorgung der eigenen Familie. Die Selbstversorgungswirtschaft oder **Subsistenzwirtschaft** steht also im Gegensatz zur → Marktwirtschaft sowie zur → Planwirtschaft.

Shanty town (engl. shanty = Baracke). Im englischen Sprachraum verbreitete Bezeichnung für ein → Elendsviertel.

Slums → Elendsviertel.

Sozialprodukt. Geldwert aller im Laufe eines Jahres erzeugten Güter und geleisteten Dienste eines Landes. Im einzelnen ergibt sich das Sozialprodukt aus den Leistungen von Industrie, Handel, Gewerbe, Handwerk, Land- und Forstwirtschaft, Verkehrs-, Nachrichten-, Bildungs- und Gesundheitswesen, Verwaltung usw. **Bruttosozialprodukt:** Die Summe der Werte der erzeugten Güter und der Dienstleistungen abzüglich der Werte der von anderen Unternehmen bezogenen Güter und Dienste.

Staatshandelsländer. Eine Bezeichnung für die sozialistischen Staaten, in denen der gesamte Innen- und Außenhandel in Händen des Staates liegt.

Soziale Marktwirtschaft → Marktwirtschaft.

Steinkohleeinheit (SKE). Energiemenge, die in 1 t Steinkohle enthalten ist (bei 7 000 kcal/kg = 29 300 kJ/kg). Alle anderen Energieträger können auf 1 SKE bezogen werden.

Sterberate, Sterbeziffer. Zahl der Todesfälle pro Jahr, bezogen auf 1 000 Einwohner. Bei einer Bevölkerung mit einem hohen Anteil alter Menschen ist die Sterberate natürlich hoch. In den meisten → Entwicklungsländern ist die hohe Sterberate auf mangelhafte Hygiene und fehlende ärztliche Versorgung zurückzuführen; allerdings liegt die → Geburtenrate noch wesentlich höher.

Subsistenzwirtschaft → Selbstversorgungswirtschaft.

Subtropen, subtropische Zone, subtropisches Klima (um 18 °C). Übergangsbereich zwischen gemäßigter und tropischer Zone, ungefähr zwischen 40° und 25° nördlicher wie südlicher Breite. Die polwärts gelegenen Bereiche sind warm und sommertrocken, die äquatorwärts gelegenen warm und wintertrocken.

Terms of Trade, Austauschverhältnisse. Sie geben an, ob und in welchem Maße ein Land Gewinn aus dem Außenhandel zieht. Die → Entwicklungsländer mußten im Vergleich zu den → Industrieländern in den letzten Jahrzehnten erhebliche Kaufkraftverluste hinnehmen (→ Kaufkraft). Ein Beispiel: 1964 bezahlte Tansania für eine Schweizer Uhr den Preis von 7,5 kg Rohkaffee. 1974 konnte es die gleiche Uhr nur für 14,2 kg erwerben.

Tertiärer Sektor, Tertiärer Bereich. Man unterscheidet drei Erwerbszweige: den → Primären Sektor, den → Sekundären Sektor und den Tertiären Sektor. Letzterer umfaßt die sogenannten öffentlichen und privaten Dienstleistungen, also Berufe im Handel, bei Bahn und Post, in der Verwaltung und im Schulwesen, aber auch die freien Berufe (z. B. Ärzte, Architekten, Rechtsanwälte, Gewerbetreibende). In den hochentwickelten → Industrieländern spielt dieser dritte Bereich die wichtigste Rolle.

Tragfähigkeit, Nahrungsspielraum. Die geschätzte oder berechnete mögliche, d. h. optimale bzw. maximale → Bevölkerungsdichte eines Raumes oder Landes auf ihrer landwirtschaftlicher Ernährungsgrundlage. Die Tragfähigkeit ist allerdings nicht exakt zu bestimmen, da sie von vielen Faktoren abhängt, wie z. B. von klimatischen Extremfällen, von der Zivilisationsstufe und damit von Wirtschaftsform und Technik der Bodenbearbeitung, von der Innovationsbereitschaft in der Landwirtschaft, von der Sozial- und Agrarstruktur, vom → generativen Bevölkerungsverhalten usw. So kann ein Quadratkilometer Land in Indonesien, der im Bewässerungsfeldbau genutzt wird, durchschnittlich 20- bis 30mal soviel Menschen tragen, als wenn er im Brandrodungswanderfeldbau bearbeitet wird.

Trockengebiete, Trockenräume. Mehr als ein Drittel der Erdoberfläche erhält so geringe Niederschläge, daß Ackerbau ohne Bewässerung gar nicht oder nur während der kurzen Regenzeit möglich ist. Die Verdunstung ist im Jahresmittel höher als der Niederschlag. Zu den Trockengebieten gehören die Wüsten, Halbwüsten, Steppen und Dornsavannen (→ Savannen).

Trockengrenze, klimatische Trockengrenze. Die Grenze, an der sich die Höhe der Niederschläge und die Höhe der Verdunstung das Gleichgewicht halten. Sie verläuft in den → Tropen etwa zwischen Trocken- und Dornsavanne (→ Savanne). In den → Trockengebieten innerhalb der Trockengrenze, also in den Dornsavannen, Halbwüsten- und Wüstengebieten sowie in den trockensten Bereichen der Steppen, ist Ackerbau nur mit Hilfe der Bewässerung oder mit besonderen Maßnahmen der Bodenbearbeitung möglich; → agronomische Trockengrenze.

Trockensavanne, → Savanne.

Tropen, tropische Zone, tropisches Klima (um 25°C). Beiderseits des Äquators. Ständig hohe Temperaturen bei geringen täglichen Schwankungen. Je nachdem, welche Merkmale der Vegetation man für typisch tropisch ansieht, kommt man zu unterschiedlichen Abgrenzungen: die 20-°C-Jahresisotherme oder die 13-°C-Isotherme des kältesten Monats, die mit der Verbreitung des Kaffeestrauches zusammenfällt, oder das Fehlen von Frost (absolute Frostgrenze). Untergliederung des tropischen Klimas: **tropische Wüste, Dornsavanne, Trockensavanne, Feuchtsavanne, Tropischer Regenwald.**

Tropischer Regenwald → Regenwald.

UNCTAD, United Nations Conference on Trade and Development (Konferenz der Vereinten Nationen für Handel und Entwicklung). Seit 1974 Betonung der Notwendigkeit einer internationalen Arbeitsteilung und Empfehlung von internationalen Rohstoffabkommen.

UNO, UN, United Nations Organization, Vereinte Nationen. 1945 gegründete Vereinigung mit den Zielen: Erhaltung des Weltfriedens durch Förderung der internationalen Zusammenarbeit, kulturelle Zusammenarbeit, Schutz der Menschenrechte auf der ganzen Welt, kollektive Maßnahmen gegen Friedensbruch und Friedensbedrohung.

Unterernährung. Ein Erwachsener braucht jeden Tag etwa 11 300 Kilojoule (2 700 Kilokalorien) zum Leben. Sind es auf Dauer wesentlich weniger, so tritt Unterernährung ein. Wichtiger noch als eine ausreichende Nahrungsmenge ist allerdings die ausgewogene Zusammensetzung der Nahrung aus Kohlehydraten, Eiweiß, Fetten, Vitaminen und Mineralstoffen. Einseitige Ernährung **(Fehlernährung)** schwächt oder schädigt den Organismus.

Urbanisierung, Urbanisation → Verstädterung.

Versalzung → Bodenversalzung.

Versandung. Die Anhäufung von Sand- und Staubpartikeln durch den Wind bedroht insbesondere die → Oasen am Rande der Sandwüsten. Durch die Anlage von gestaffelten Windschutzzäunen versucht man der Versandung zu begegnen. Beispiele für versandete Oasen: die Nefzaoua-Oasen in Südtunesien und die Oasen im Wadi Draa im südlichen Marokko.

Verstädterung, Urbanisierung. Die Zunahme des Anteils der in Städten lebenden Wohnbevölkerung eines Landes an der Gesamtbevölkerung.

Die Verstädterung ist eine weltweit zu beobachtende Erscheinung. In Deutschland lebten um 1850 28 % der Bevölkerung in Gemeinden mit über 2 000 Einwohnern, um 1900 54 % und 1975 in der Bundesrepublik Deutschland und der DDR jeweils über 80 %! Probleme der Verstädterung: Überbevölkerung, schwierige Ver- und Entsorgung, Umweltverschmutzung usw.

Volkseinkommen. Das Nettosozialprodukt zu Faktorkosten, d. h. die Summe aller Entgelte an die Produktionsfaktoren wie Arbeit, Boden, Kapital, Unternehmerleistung; es wird durch Summierung der Wertschöpfung (das ist der Wert der in jeder Produktionsstufe einem beliebigen Gut hinzugefügten Leistungen) aller Wirtschaftszweige (reale Methode) oder durch Summierung sämtlicher Einkommen (personelle Methode) berechnet.

Wechselfeuchte Tropen, wechselfeuchte äußere Tropen. In diesem Gebiet ist die Dauer der Trockenzeit von entscheidender Bedeutung für die Vegetation; hier herrschen die verschiedenen Formen der → Savanne.

Weltbank. Sie vergibt langfristige Darlehen zur Entwicklung der Länder der Dritten Welt. Sie umfaßt 144 Mitgliedsstaaten.

Welternährungsorganisation → FAO.
Weltgesundheitsorganisation → WHO.

WHO, World Health Organization (Weltgesundheitsorganisation). Internationale Organisation der Vereinten Nationen, gegründet 1948 in Genf mit dem Ziel der „Herbeiführung des bestmöglichen Gesundheitszustandes der Völker"; zu den Aufgaben zählt u. a. die Bekämpfung und Ausrottung von Weltseuchen wie z. B. Malaria und Pocken.

Zahlungsbilanz. Gegenüberstellung sämtlicher Zahlungsanforderungen und -verpflichtungen zwischen In- und Ausland für einen bestimmten Zeitraum, meist ein Jahr; die Zahlungsbilanz erlaubt am ehesten ein Urteil über die außenwirtschaftliche Lage eines Staates. Zur Zahlungsbilanz gehören die **Handelsbilanz,** die **Dienstleistungsbilanz** und die **Kapitalbilanz.** Die Handelsbilanz ist positiv, wenn die Ausfuhren (Export) höher sind als die Einfuhren (Import); im umgekehrten Fall spricht man von einer negativen Handelsbilanz. Zur Dienstleistungsbilanz gehören u. a. die Einnahmen und Ausgaben im Reise- und Versicherungsverkehr. Handels- und Dienstleistungsbilanz ergeben zusammen die **Leistungsbilanz;** ihr gegenüber steht die Kapitalbilanz. Zu ihr gehören sämtliche Kapitalbewegungen und Zinsen in der Kapitalausfuhr und -einfuhr. Kapital- und Leistungsbilanz sollten möglichst immer ausgeglichen sein.

Zweite Welt → Dritte Welt → Entwicklungsland.

Bildnachweis

Brot für die Welt, Stuttgart: 47.6+8+9
Globus Kartendienst, Hamburg: 5.4, 12.1, 17.2, 41.3, 42.1
Krauter, Esslingen: 4.1, 5.2+3+5, 8, 10, 14.7, 56.1, 57.3, 58.2, 60, 61, 62, 63, 65.11
Rother, Schwäbisch Gmünd: 19, 20, 23.3+5, 24.2−4, 26.3+4, 27.5+6, 28.1+2, 29.6+7, 30.1+2, 34.1+2, 35.6+7, 36, 38.12, 39.13, 48.2+3, 49.5, 52,5+7
Scheßl, Lauterstein: Titelfoto, 55.4

Entwürfe, Vorlagen und Daten für Grafiken, Karten, Tabellen
BMZ, Bonn. Politik der Partner: 17.4, 40.1. Zusammenarbeit mit EL: 45.1+3, 46.4
Büttner: Entwicklungstheorien im Vergleich. Geographie heute, 6/87. Velbern: Friedrich Verlag 1987: 7.1+2
Bähr/Haubrich: GR Dokumentation. GR 11/84. Braunschweig: Westermann Verlag 1984: 13.3
Popp: Bewässerungsprojekt Massa. GR 12/1982.
Braunschweig: Westermann Verlag 1982: 65.13+14
IRO Karte 3/1986. München: Süddeutscher Verlag 1986: 58.1
Klimakarte von Troll und Paffen 1964, bearbeitet von L. Buck u. A. Schultze: vord. Vorsatz

Verändert
nach: AiD, Bonn-Bad Godesberg: 80.2+3+6+7
nach: Bär, Zürich: 37.7
nach: Engelhard/Grupp: Entwicklungspolitik. Köln 1984: 17.3
nach: Engelhard: Kenia, Tansania, Uganda. Praxis Geographie. Westermann Verlag: 18.1+2
nach: v. Frieling: Praxis Geographie 5/84 und Bratzel/Müller: GR 4/79. Westermann: 31.6
nach Jäger: Perthes-Transparent-Atlas: 64.10
nach: Odingo: The Kenia Highlands. Nairobi 1971: 22.1
Stein: Praxis Geographie 7/84. Westermann Verlag 1984: 22.2

Quellennachweis

(1), (5) Grupp, C./Engelhard, K.: Partner Dritte Welt. Köln: Verlag Deutsche Jugendbücherei 1985

(2) Nohlen/Nuscheler: Handbuch der Dritten Welt. Hamburg: Hoffmann und Campe 1976

(3) Leggewie, C.: Was heißt Entwicklung?. In: GR 11/81. Braunschweig: Westermann Verlag 1981

(4) Raster, B.: in Kistler Oberstufengeographie Band 2. München: Bayerischer Schulbuchverlag 1984

(6) Stuttgarter Zeitung. Sonntag aktuell v. 12. 7. 87. dpa

(7) Fehrenbach, O.: Wohin mit den Menschen? In: Stuttgarter Zeitung. Sonntag aktuell v. 12. 7. 87

(8) Harrison, P.: Hunger und Armut. Reinbek: Rowohlt 1982

(9) Bertram, Ch · Wann stürzt das Kartenhaus ein? In: Die Zeit v. 20. 7. 84

(10) Stein, Ch.: Entkolonialisierung einer Siedlungskolonie. In: Praxis Geographie 7/84. Braunschweig: Westermann Verlag 1984

(11) Dohrenbusch, W.: Auch nach dem Ende der Dürre keine Entwarnung. In: Stuttgarter Zeitung v. 14. 2. 87

(12) Brockhaus Enzyklopädie Band 18. Wiesbaden: Brockhaus 1973

(13), (15) Stein, Ch.: Vielvölkerstaat Kenia. In: Praxis Geographie 2/85. Braunschweig: Westermann Verlag 1985

(14), (18) Schmidt-Wulffen, W.-D.: 10 Jahre Entwicklungspolitischer Diskussion. In: GR 3/87. Braunschweig: Westermann Verlag 1987

(16), (20) Vorlaufer, K.: Der Tourismus in Kenia. In: Zeitschrift für Wirtschaftsgeographie 1/83. Frankfurt: 1983

(17) Jätzold, R.: Savannengebiete der Erde. In Praxis Geographie 11/85. Braunschweig: Westermann Verlag 1985

(19) Kunath, W.: Künftige Entwicklungspolitik muß auf dem Land ansetzen. In: Stuttgarter Zeitung v. 17. 12. 86

(21) Merian Heft 3/1986. Hamburg: Hoffmann und Campe

(22) Dohrenbusch, W.: Undugu. In: Stuttgarter Zeitung v. 2. 5. 1986

(23) Stuttgarter Zeitung v. 6. 7. 87: Die Städte und das Elend wachsen. dpa

(24), (36) Engelhard, K./Grupp, C.: Entwicklungspolitik. Köln: Verlag Deutsche Jugendbücherei 1984

(25) Bohle, H.-G.: Probleme der Verstädterung in Indien. In: GR 9/84. Braunschweig: Westermann Verlag 1984

(26) Kroß, E.: Entwicklungstheorien und Entwicklungsprobleme im Geographieunterricht. In GR 7/83. Braunschweig: Westermann Verlag 1983

(27) Hücking, R.: In Dhaka. In: Stuttgarter Zeitung v. 27. 3. 87

(28), (30) Rice, R.: Vom Bettler zum hofierten Steuerzahler. In: Stuttgarter Zeitung v. 24. 7. 87

(29) Biederstädt, W.: Kalkutta-Ahmedabad. In: Praxis Geographie 10/84. Braunschweig: Westermann Verlag 1984

(31), (35) Riding, A. (übers. v. Rullkötter, B.): 18 × Mexiko. München: Piper Verlag 1986

(32) Frieling, H.-D.: Stadtentwicklung in Industrie- und Entwicklungsländern. In: Praxis Geographie 5/84. Braunschweig: Westermann Verlag 1984

(33) Mueller-Cargua, E.: Ist diese Stadt noch zu retten? In GEO-Spezial Mexiko, 2/86. Hamburg: Gruner und Jahr 1986

(34) Schiesser, W.: Megalopolis in der Dritten Welt. Neue Zürcher Ztg. v. 6. 6. 1987

(37) Auszüge aus der Entschließung des Deutschen Bundestags 1982 und aus den „Grundlinien der Entwicklungspolitik der Bundesregierung" 1986

(38), (38 a), (39 a) BROT FÜR DIE WELT, Stuttgart: Arbeitsheft „Bebauen und Bewahren" 1986

(39) Burkhardt, B.: Aktion Selbstbesteuerung: Frieden durch gerechte Entwicklungspolitik. Stuttgart: 1986 und Aktion BROT FÜR DIE WELT, Arbeitsheft Hunger durch Überfluß, Stuttgart 1981

(40) — (43) Bohle, H.-G.: Armut, Überlebenswirtschaft und armutsorientierte Entwicklung. In: Praxis Geographie 10/84. Braunschweig: Westermann Verlag 1984

(44) Erler, B.: Tödliche Hilfe. Freiburg: Dreisam Verlag 1985

(45) Mayer-List, I./Hoffmann, W.: Die Pleite der Entwicklungshilfe. In: Die Zeit v. 8. 11. 85

(46) Lietzmann, G.: Pumpe in der Entwicklung. In Frankfurter Rundschau v. 11. 3. 78

(47) GTZ: Dokumentation 1/85

(48) Holtz, U.: Hilfe nicht verweigern. In: Die Zeit v. 19. 7. 85

(49) — (52) Mayer-List, I.: Arbeit an den Graswurzeln. In: Die Zeit v. 27. 12. 87

(53) Böttcher, W. u. a.: Bangladesch im Schatten der Macht. Aachen: Rader Verlag 1986. Red. Nebelung, M.: Aachener Studien, Band 3

(54) Siebert, R.: Wald in Todesgefahr. In: Brot für die Welt Aktion „e". Stuttgart 1985

(55) Bliss, F.: Wenn die Betroffenen sprachlos bleiben. In: FAZ v. 11. 12. 85

(56), (57) Popp, H.: Das Projekt Massa in Südmarokko. In: GR 12/82. Braunschweig: Westermann Verlag 1982

(58) Lampe, K.-J.: Bewässerungswirtschaft in der Dritten Welt. In: GR 12/82. Braunschweig: Westermann Verlag 1982